TRINITY

DER SEELENPLAN

Jana Haas

Werner Wider

Was unser Schicksal bestimmt

TRINITY

3. Auflage 2014

© 2014 Trinity Verlag in der Scorpio Verlag
GmbH & Co. KG, Berlin · München
Umschlaggestaltung: David Hauptmann,
Hauptmann & Kompanie Werbeagentur, Zürich
unter Verwendung eines Fotos von © Jana Haas
Satz: BuchHaus Robert Gigler, München
Druck und Bindung: Pustet, Regensburg
ISBN 978-3-95550-060-3

www.trinity-verlag.de

Der Plan Gottes ist pure Liebe,
der Seelenplan der Weg dorthin,
das Schicksal der Wegweiser.

Dein Schicksal ist eine Geschichte,
die du selbst schreibst,
denn du bist der Schöpfer deines Lebens!

Inhalt

Einleitung

Die Seele steigt herab zur Erde,
auf dass sie in der Materie verankert werde.
Und nach ihrem Erdenlauf
steigt sie wieder zum Himmel auf.
Sie kehrt erneut zur Erde nieder
und steigt danach zum Himmel wieder.

Wozu dient dieses Kommen und Gehen, warum diese schier unendlichen Inkarnationen?

Gott ist reine resonanzlose Liebe, und der Mensch, als gottähnliches Wesen, soll sich in seinen Seelenqualitäten über seinen freien Willen ebenfalls dorthin entwickeln, nämlich zur reinen resonanzlosen All-Liebe. Resonanzlos sein bedeutet, keine Erwartungen zu hegen, nicht zu bewerten und nicht zu verurteilen, nicht in Konflikten behaftet zu sein, sondern alles in reiner Liebe verstehen und annehmen zu können (s. auch Kapitel »Resonanz und Polarität«). Um dahin zu gelangen, um ein Leben ohne Bewertungen und Verurteilungen, ein Leben in reiner Liebe zu führen, bedarf es einer sehr großen Zahl von Inkarnationen. Es bedarf einer fortlaufenden Entwicklung und Erfahrungssammlung in der Materie, in Raum und Zeit, in Resonanz und Polarität, damit man dann wieder im Jenseits, in der Reflexion und Aufarbeitung der erlebten irdischen Erfahrungen, zur Erkenntnis gelangt. Die Seele befindet sich dann im Himmel; nachdem sie einen lichtvollen Aufstieg dorthin vollzogen hat, ist sie wieder in einer licht- und liebevollen Dimension. Sie fühlt sich frei und über alle Maßen geliebt. Die Seele spürt wieder den liebevollen Urzustand ihrer Unsterblichkeit und die dauerhafte göttliche Präsenz. Sie ist eins mit der Schöpfung und ihrem Ursprung. Nach und nach kann in ihr dann der Wunsch entstehen, diesem reinen göttlichen Licht und dem klaren Bewusstsein noch mehr zu entsprechen. So kann schließlich der innere Ruf entstehen, dass es lohnenswert wäre, wieder auf der Erde zu inkarnieren, damit noch mehr von der noch vorhandenen emotionalen Anhaftung der Erlösung zugeführt werden kann.

Wir können im Himmel das schönste Licht, die schönste Schwingung sein, wir können uns dort jedoch nicht wahrnehmen. Zu diesem Zweck kommen wir immer wieder freiwillig auf die Erde. Wir können uns, ja wir müssen uns sogar hier mit den Polaritäten auseinandersetzen. Gott gab uns den freien Willen, und damit können wir entscheiden, ob wir den Mitmenschen, den Ereignissen, letztendlich Gottes Schöpfung, mit Liebe oder Ablehnung begegnen. Mit zunehmender Seelenentwicklung werden wir auch zunehmend resonanzloser, und wir können schließlich hinter allem einen lichtvollen Sinn erkennen und erkennen, dass nichts von dem, was wir sind, ein Zufall ist.

Das Vorgenommene für eine Inkarnation sind nicht primär die Ereignisse an sich, die uns widerfahren, sondern unser Umgang mit den Ereignissen. Daraus erwachsen unsere Erfahrungen.

Jede Inkarnation hat für die Seele den tieferen Sinn, ein höheres individuelles Bewusstsein zu erlangen. Die Kraft des Bewusstseins nimmt zu, gleichzeitig nimmt die Resonanz auf Angst und Leid ab. Je schwächer die Resonanz wird, desto mehr kann sich göttliches Bewusstsein in Form der All-Liebe entwickeln. Es ist unsere Aufgabe, den einzigartigen Plan unserer Seele zur Vollendung zu bringen, das Wissen unserer Seele bewusst in unserem Leben zu nutzen. Dann sind wir eins mit der Schöpfung.

Es ist verständlich, dass der tiefe Wunsch eines jeden Menschen darin besteht, das Leben unter Kontrolle zu haben – alles soll nach Plan laufen. Warum aber lässt sich das Leben nicht kontrollieren? Warum läuft nicht alles so, wie wir es gern wollen?

Da erhebt sich zunächst die Frage:

Was ist überhaupt der Plan? Ist das Leben selbst der Plan, oder entwickelt sich der Plan aus dem Leben heraus? Leben wir nach unserem Seelenplan? Was sind die wahren Bedürfnisse der Seele? Und warum ist es manchmal sogar so, dass ein – unserer Meinung nach – Unglück im Nachhinein betrachtet einen Glücksfall bedeuten kann?

Fragen über Fragen ... Ich möchte mit diesem Buch helfen,

Antworten auf diese Fragen zu finden. Ein paar grundlegende Dinge möchte ich schon jetzt mitteilen.

Der Plan Gottes ist pure Liebe, der Plan der Seele der Weg dorthin und das Schicksal der Wegweiser.

Die Seele hat sich viele Herausforderungen für dieses Leben vorgenommen, nicht um an ihnen zu verzweifeln, sondern um an ihnen zu wachsen. Deshalb hat sie einen Plan gestaltet, den Seelenplan. Dieser zieht sich wie ein roter Faden durch unser Leben und leitet uns durch einen inneren Ruf.

Viele Geschehnisse in unserem Leben entsprechen diesem Seelenplan. Es gibt aber auch Geschehnisse, die dem »Zufall« geschuldet sind. Mit Zufällen sind Ereignisse gemeint, die im Seelenplan nicht vorgesehen sind, zum Beispiel ein Unfall, ein medizinischer Kunstfehler oder ein Krieg.

Ein großer Teil der eintretenden Ereignisse entspricht unserer vorherrschenden Meinung und Stimmung und somit unserer gegenwärtigen Resonanz, womit wir Ereignisse anziehen oder fernhalten. Hierzu gehört auch das Ergreifen oder Nichtergreifen von Möglichkeiten, das Gottvertrauen oder die Angst, das Vorwärtsstreben oder aber das Verharren im Vergangenen. Wir sollen achtsam am Leben teilhaben, mutig nach vorne schreiten. Achten wir darauf, dass wir unser Leben nicht verträumen, sondern mit Bewusstheit unser Leben gestalten. Achten wir mit Freude auf die Liebe und Leichtigkeit in unseren Gedanken und identifizieren uns nicht mit Selbstzweifeln und beschwerlichem Gedankengut. Einem lichtvollen, erfolgreichen und gut gelebten Leben können wir immer nur selbst im Wege stehen. Die Liebe und die Hilfe Gottes und der Engel ist allgegenwärtig, und das gesamte geistige Wissen ist für jeden abrufbar; aber wir müssen dazu bereit sein.

Der Mensch ist durch seinen freien Willen Mitschöpfer und kann durch seine Liebe und sein liebevolles Vorleben viel Licht auf die Erde bringen und somit ein Saatkorn für ein friedliches und gottgefälliges Leben auf unserem Planeten setzen. Er kann aber genauso auch zerstörerisch wirken, indem er zum Beispiel die Umwelt belastet und so in das Gleichgewicht des Weltengeschehens eingreift. Dies ist nicht im Gottesplan enthalten. Ebenso kann ich sehen, dass Kriege niemals im Gottesplan sind. Aber die Engel geben auch hier nachträglich in alles einen lichtvollen Sinn.

Das zunehmend erwachende Bewusstsein der neuen Zeit, eines Zeitalters der Individualisierung, erfordert von den Menschen immer mehr, ihre eigene Persönlichkeit zu finden und zu leben. Dies bedarf der Suche nach unserem wahren Selbst, nach dem, was wir sind und was uns ausmacht. Wir sollen uns nicht mehr nur an den Vorgaben unserer Eltern, unseres Umfeldes, der Medien, der Politik, Kirche und Gesellschaft orientieren und daraus unsere Ziele definieren, sondern wir sollen wir selbst sein, unsere eigenen Ziele finden. Es ist deshalb wichtig, mit Achtsamkeit und einem klaren Bewusstsein Zugang zum eigenen Seelenplan zu erlangen, woraus sich dann das Ziel des Lebensweges ergibt.

Wir leben in einer Zeit, die vorwiegend von Materiegläubigkeit, Erfolgsdenken, Leistungsorientierung und Hetze geprägt ist. Da der Mensch sein Verhalten, sein Menschsein wiederum von seinen Mitmenschen lernt, hat in den letzten Jahrzehnten ein unheilvoller Kreislauf seinen Lauf genommen. Viele sind dem Leistungsdruck nicht mehr gewachsen, sind in Ängste und Depressionen geraten oder haben gar aufgegeben.

Je herausfordernder die Zeiten, umso größer der Bedarf an Orientierung. Immer mehr Menschen begegnen der wachsenden Komplexität ihres alltäglichen Lebens mit einer Hinwendung zu metaphysischen Fragen und spirituellen Themen. Das spirituelle Bewusstsein kann ihnen dabei Orientierung bei den grundlegenden Lebensfragen vermitteln und kann Erkenntnisse darüber geben, was im Leben wirklich zählt. Es kann Antworten auf Glaubensfragen geben, wie zum Beispiel, ob die Seele wirklich unsterblich ist, was Gott ist und in welchem Verhältnis er zu mir steht. Auch Antworten über das Sterben und was nach dem physischen Tod geschieht. Oftmals führen belastende Lebensereignisse wie ein schwerer Unfall oder der Tod eines nahen Angehörigen dazu, dass die Betroffenen dies zum Anlass nehmen, sich mehr mit den grundsätzlichen Lebensthemen zu beschäftigen.

Ein großer Teil der Menschen hat seinen geistigen Bezug ganz oder teilweise verloren. Sie suchen nicht einmal nach ihm, weil sie nicht daran glauben. Dabei ist und bleibt der Himmel unsere geistige Heimat, wo wir herstammen und wohin wir nach unserem irdischen Erfahrungs- und Wahrnehmungsausflug auch wieder gehen. Die Verbindung zwischen Mensch und geistiger Welt bleibt zeitlebens erhalten und äußert sich in einer unterschwelligen inneren Sehnsucht. Diese Sehnsucht trägt jeder Mensch in sich, es ist die Sehnsucht nach unserem Ursprung, nach Gott und nach all dem, was in unserem Seelenplan enthalten ist.

Es gibt aber die verschiedensten Möglichkeiten, diese Sehnsucht zu unterdrücken, sie nicht wahrzunehmen. Manche flüchten sich in Drogensucht, andere werden arbeitssüchtig, wieder andere verlieren sich im Extremsport usw. Aber all dies sind keine wirklichen Lösungen, sondern lediglich das Unterdrücken des inneren Rufs oder gar schon eines Hilfeschreis der Seele. Viele sind so weit von ihrem vorgenommenen Seelenplan abgekommen, dass sie den Bezug zu sich verloren haben. Man kann hier durchaus von einem verirrten Lebensweg sprechen. Ein falsches Selbst (das Ego), Überheblichkeiten, Machtstreben bis hin zu Grausamkeiten haben hierin ihren Ursprung. Macht man diese Menschen auf ihr Dilemma aufmerksam, so können sie diese äußeren Impulse meist nur über den Intellekt erfassen, da ihr Herz verschlossen ist. Dies bedeutet, der Input erreicht nur die Ratio und kann somit keine emotionale Erkenntnis auslösen. Seele und Geist arbeiten nicht synchron, und oft gerät dann auch der Körper aus dem Gleichgewicht.

Der Mensch, welcher sich seine Herzenskräfte bewahrt hat oder sie wiederfindet, der einen Seelenzugang zu Gott und den geistigen Welten besitzt, befindet sich in steter Verbindung mit seinem Seelenplan und wandelt liebe- und lichtvoll, voller Gottvertrauen auf seinem Lebensweg und erfährt in allem die geistige Unterstützung.

Heute hat jeder Einzelne von uns Möglichkeiten, wie sie früher in dieser Form niemals vorhanden waren, sich selbst kennenzulernen, seine Liebe zu entwickeln und durch geistige Anbindung weitestgehend nach seinem Seelenplan zu leben. Öffnen wir unser Herz, gehen wir mit uns selbst, unseren Mitmenschen und allem anderen in Gottes Schöpfung liebevoll und achtsam um, und möge ein jeder viel Licht auf unsere schöne Erde bringen, auf dass sie immer mehr licht-, liebe- und friedvoller wird. Folgen Sie Ihrem Herzen, denn es kennt den Weg der Wahrheit zu Gott.

Mein eigener Seelenplan

Es ist mir gegeben worden, dass ich stark hellsichtig bin. Ich kann den Himmel, Gott und die geistigen Wesen genauso deutlich sehen wie das »reale« materielle Umfeld. Das befähigt mich, die Hintergründe des Lebens zu verstehen, und deshalb betrachte ich es als meine Aufgabe, all das den Menschen mitzuteilen. Ich sehe auch meine Berufung darin, den Menschen die Schöpfung, ihren Ursprung, den Gottesplan, ihren Seelenplan und den Lebenssinn näherzubringen. Ich hoffe, dass das Wissen über das Überirdische – über den Seelenplan, die unsterbliche Seele, die Hilfe und Liebe Gottes und seiner Engel, die himmlischen Dimensionen, das Vertrauen in Gott, die Schöpfung – sie stärken und ihre Angst im Leben und vor dem Tod nehmen kann.

Um die geistigen Welten zu sehen, versetze ich mich nicht in Trance, ich bereite nichts vor, und ich strenge mich nicht an. Ich nehme die geistigen Welten direkt wahr und muss mich vielmehr konzentrieren, um mich in der irdischen Welt zu verankern.

Ich wurde in Russland geboren und habe meine Kindheit dort verbracht. Diese Zeit hat mich sehr geprägt. Russland steht für die Stärke der Seelenkräfte und die damit verbundene Freude und Herzlichkeit. Diese Urprägung ist sicherlich zu einem Teil für die Intensität meiner Hellsichtigkeit mitverantwortlich, die es mir ermöglicht, bis in die höchsten göttlichen Ebenen blicken zu können. In Russland war es für unsere Eltern ganz selbstverständlich, bei bestimmten Belangen mit uns zu Heilern statt zu Ärzten zu gehen und mit Ritualen und Gebeten zu arbeiten. Dass ich in einer russischen Heilerkultur aufgewachsen bin, hat mich früh für die Spiritualität geöffnet und mich stark für meine eigene geistige Forschungsarbeit geprägt.

Ich bin davon überzeugt, dass meine Seele sich in ihrem Seelenplan Russland als Geburtsort sowie einen russischen Vater und eine wolga-deutsche Mutter ausgesucht hat. Denn in diesem Land überwiegen die Seelenkräfte, welche für ein starkes Urvertrauen wichtig sind und auch die hellseherischen Fähigkeiten begünstigen. Diese kann ich für meine Lebensaufgabe nun nutzen, ich kann in die himmlischen Sphären Gottes hineinblicken und mein so erlangtes Wissen den Menschen mitteilen. In den russischen Kräften liegt auch eine besonders hohe Konzentration an »magischen« Fähigkeiten. Weiß- wie auch schwarzmagische Rituale sind dort an der Tagesordnung und werden von den Menschen auch ganz selbstverständlich praktiziert.

Schon in der frühen Kindheit habe ich festgestellt, dass ich hellsichtig bin. Zunächst glaubte ich natürlich, dass dies normal und bei allen Menschen so ist. Bald musste ich aber an den Reaktionen meines Umfeldes, sowohl bei den Erwachsenen als auch bei den Kindern, feststellen, dass ich anders bin.

Ich wurde einige Wochen zu früh geboren, und ich hatte bereits in der frühen Kindheit mehrere Nahtoderlebnisse. Ich bin heute überzeugt, dass diese vorgenommen waren und von der geistigen Welt unterstützt und liebevoll begleitet wurden, ich war dabei beschützt. Diese Erlebnisse waren wohl notwendig, um die Anbindung an die geistige Welt aufrechtzuerhalten und zu verhindern, dass ich, wie für den Menschen allgemein üblich und notwendig, ganz in der Materie landen kann. Andernfalls hätte sich das dritte Auge verschlossen, und ich hätte niemals diese ausgeprägte Hellsichtigkeit, wie sie nur in der jenseitigen Welt vorhanden ist, auf die Erde mitbringen können. So ist es mir möglich, in einem materiellen Körper hier auf der Erde zu leben und gleichzeitig in den geistigen Welten zu Hause zu sein.

Für mich war die Hellsichtigkeit am Anfang eine große, schwer zu tragende Bürde, denn in meiner Kindheit sah ich zunächst die Seelen von Verstorbenen in den Astralwelten, was für mich keine schönen Erfahrungen waren. Die noch erdnahen Seelen, die den Weg ins Licht noch nicht gefunden haben, schwingen in einer tieferen, grobstofflicheren Frequenz als die lichtvolleren Wesen und können so leichter wahrgenommen werden. Gott und seine Engel konnte ich erst viel später dauerhaft sehen. So hatte ich als Kind wegen der vielen für mich schockierenden Erlebnisse das Lachen vollkommen verlernt.

Die spirituellen Gaben kommen von meiner Familie. Meine Urgroßmutter war mit starken lichtvollen Kräften ausgestattet. Bis zu ihrem Tod war sie meine spirituelle Lehrerin. Aber auch nach ihrem Übertritt in die geistige Welt blieb sie es und setzte ihre Unterweisung aus den geistigen Welten fort. Ich empfing Visionen von ihr, und sie unterstützte mich in wichtigen Lebensentscheidungen. Als ich zwölf Jahre alt war, zog meine Familie nach Deutschland. Rückblickend bin ich ganz sicher, dass auch dieser Umzug in ein für mich damals fremdes Land in meinem Seelenplan fest vorgenommen war, damit ich meinem geistigen Auftrag gerecht werde. Das weitere Heranwachsen in einem Land wie Deutschland, dem Land der Denker und Forscher, wo mehr die Geisteskräfte dominieren, war nun für mich, trotz anfänglicher Irritationen, ganz wichtig, damit sich geistige Klarheit und Struktur bilden konnten. Dies hat auf die Art meiner Ausdrucksweise viel Einfluss genommen.

Mit 6 Jahren erlebte ich an einem See in Kasachstan ein beeindruckendes und mich nachhaltig prägendes Wunder. Ich konnte nicht schwimmen und war in den See gegangen, ohne dass jemand dies bemerkte. Plötzlich riss mich eine Welle mit, und ich tauchte unter, bald konnte ich nicht mehr atmen, und dann kam so etwas wie ein Stillstand: Alles wurde plötzlich lieblich und friedlich. Um mich herum schwammen viele bunte lustige Fischlein, und ich fühlte mich frei und wunderbar leicht. Dann konnte ich mich von außerhalb sehen, aus vielleicht zwei Metern Entfernung. Mein Körper trieb leblos, und ich, meine Seele, war ausgetreten. Vor mir war ein wunderbarer heller Lichttunnel, auf den ich mich zubewegte. Ich ging immer mehr in das Licht, doch mitten in dem paradiesischen Zustand des Friedens sagte eine Stimme deutlich: »Du musst zurück, du hast noch eine Aufgabe zu erfüllen.« Ich wollte nicht, ich fühlte mich wunderbar eins mit der Einheit. Aber mein Schutzengel beförderte mich an den Strand. Ich empfand es wie eine Lichthand, die mich an den Haaren packte und blitzschnell an Land beförderte. Er lächelte mich an und sagte nochmals, dass ich eine lichtvolle Aufgabe zu erledigen habe und immer beschützt sei. Danach verspürte ich einen stechenden Schmerz in meiner Brust, erwachte und hustete Wasser. Ich begriff erst langsam, was passiert war, und war schockiert. Erst viel später verstand ich, welch großartiges Wunder mir zuteilgeworden war. Dieses Erlebnis, diese lichtvolle Rettung durch die geistige Welt, prägt mich noch heute. Ich weiß aus tiefstem Inneren, im Urvertrauen, dass ich immer beschützt bin und von der geistigen Welt geliebt werde.

Mit 23 Jahren bekam ich von den Engeln und meiner verstorbenen Urgroßmutter wiederholt Hinweise, dass ich an den Bodensee ziehen und dort eine Tätigkeit in einer Naturheilpraxis eines lieben Freundes aufnehmen soll. Dort lernte ich die Probleme und Krankheiten der Patienten kennen und konnte auch bald die geistig-seelischen Ursachen dahinter erkennen. Dann konnte ich die Organe und die Aura der Menschen sehen. Somit war auch der Umzug an den Bodensee, der wiederum ganz entscheidend für meine weitere Entwicklung war, in meinem Seelenplan bereits eine feste Größe. Denn jetzt kam zu meinem geistigen Wissen auch ein psychologisches und medizinisches Verständnis. Ich konnte die Menschen immer mehr als Ganzes, im Diesseits wie auch im Jenseits, begreifen.

Nachdem ich mich bewusst der Liebe mir selbst, Gott und den Mitmenschen gegenüber geöffnet habe und Gott und der himmlischen Führung immer mehr Vertrauen entgegenbrachte, begannen die lichtvollen geistigen Welten für mich immer deutlicher zu werden.

Jetzt sah ich nicht nur Verstorbene und die Aura der Menschen, jetzt konnte ich auch die lichtvollen himmlischen Welten wahrnehmen.

Ich habe in Russland wie auch in Deutschland viele prägende Aufwachmomente erlebt, welche mir meinen Horizont erweiterten und mich über das Normdenken hinaus für neue Erkenntnisse öffneten. Meinen Erleuchtungsmoment habe ich dann in der Schweiz, mit ihren gewaltigen Urenergien, erlebt. Ich kann heute sagen, dass ich mich daher mit allen diesen Ländern und den damit verbundenen Kräften aufs Tiefste verbunden fühle.

Im Mai des Jahres 2003 konnte ich auf der Rigi, einem weiblichen Berg in der Schweiz, sehen, dass die satten, grünen, mit unzähligen Blumen übersäten Bergwiesen belebt und beseelt waren. Es waren nicht nur die Grashalme und Blumen, die sich im Wind bewegten, sondern ich sah, dass es auch Naturwesen waren, die sich ebenfalls bewegten und die Natur beseelten. Ich konnte viele Wesen sehen, die der Volksmund als Zwerge bezeichnet und die an der Erde arbeiteten. Einige von ihnen hielten inne, als sie merkten, dass ich sie sehen konnte.

Während ich noch voller Verblüffung über dieses faszinierende Erlebnis war und das Treiben dieser kleinen Wesen mich beeindruckte, sah ich plötzlich ein etwa menschengroßes Wesen von weiblicher Gestalt, das an mir vorbeizog und eine Art Gefäß mit einem intensiv leuchtenden Licht in der Hand hielt. Es war das Bergwesen der Rigi. Die Gestalt schwebte an mir vorbei, und ich war so erstaunt, dass ich mich nicht traute, sie anzusprechen. Am nächsten Tag sah ich sie wieder und begrüßte sie. Sie betrachtete mich freundlich und stellte sich als die Bergwächterin der Rigi vor. Sie erzählte mir, dass es ihre Aufgabe sei, die Energie des Berges aufrechtzuerhalten. Das Gefäß, das sie in der Hand trug, war ein Symbol des gespeicherten Wissens des Berges.

Die Bergwächterin besteht in Wirklichkeit aus einer formlosen Energie, so wie alle Lichtwesen, auch die Engel, und ist in Wirklichkeit so groß, dass sie den ganzen Berg damit einhüllt und beseelt. Alle großen Lichtwesen, wie zum Beispiel die Erzengel, stellen sich uns Menschen komprimiert dar, damit wir sie wahrnehmen können.

Zwei Tage später erschien mir die Bergwächterin wieder, begrüßte mich liebevoll und zeigte nach oben in Richtung Himmel. Ich erlebte, wie sich vor meinen Augen der Himmel öffnete, und mir wurde eine unendliche Reihe von »Lichtbüchern« gezeigt. Die Bergwächterin sagte: »Du kannst das gesamte Wissen des Himmels und der Erde, welches in dieser unendlichen Bibliothek gespeichert ist, jederzeit nutzen. Dieses wirst du der Menschheit übermitteln.« Ich war zunächst irritiert und traute es mir auch nicht zu. Doch sie sagte: »Du kannst es jederzeit, weil du eine von uns bist.« Dies war der faszinierende Moment meiner Erleuchtung! Von da an offenbarten sich mir die geistigen Welten und das Wissen in rasender Geschwindigkeit.

Bald konnte ich in den Himmel, bis in die höchsten Engelhierarchien sehen und mich mit diesen Lichtwesen austauschen. Dies geschah direkt proportional zur Zunahme meiner Liebesfähigkeit, meines Vertrauens in die geistige Führung und zur

Verbundenheit mit Gott. Je mehr ich mein Herz öffnete, je liebevoller ich wurde, desto mehr erhöhte sich das Vertrauen in die Führung aus der lichtvollen geistigen Welt. Mit zunehmender Liebesfähigkeit wurde ich auch zunehmend lichtvoller und feinstofflicher. Und durch die höher schwingende Frequenz, in der ich mich befand, konnte ich immer mehr auch mit den höher schwingenden Engelwesen kommunizieren.

Ich möchte hiermit deutlich machen, dass ich trotz meiner angeborenen starken Hellsichtigkeit mich erst selbst zur Liebe und zum Licht entwickeln musste, um die hohen Lichtwesen sehen zu können. Ich möchte auch jedem Leser Mut machen, diesen liebevollen Weg zu beschreiten. Ich verspreche Ihnen, Sie werden reichlich belohnt werden.

Ich weiß heute, dass all meine Tätigkeiten wie auch jedes einzelne Buch, das ich bisher mit himmlischer Hilfe verfasst habe, und auch alle weiteren, die kommen werden, in meinem Seelenplan vorgenommen sind. Heute verstehe ich den Sinn, warum ich auf meinem Lebensweg schöne wie auch weniger schöne Prägungen erlebte, warum ich die damit verbundenen Aufwachmomente hatte, die mir diese Entwicklung ermöglicht haben, die mich dahin brachten, wo ich heute stehe, und die mich zu dem machten, was ich heute bin. Ich weiß heute, dass ich alles schaffen werde, was ich mir vorgenommen habe, und dass alles, was auf mich zukommt, ein Teil des großen Ganzen ist, dass ich stets beschützt bin und mir nichts passieren kann. Ich freue mich auf meine Zukunft, auf das damit verbundene innere Wachstum und auf die Erfüllung meines licht- und liebevollen Seelenplans.

1 Gottesplan

Die Schöpfung

Die Evolution. Gott ist pure Liebe, reines universelles Bewusstsein und unendliche Schöpferkraft. Als Gott vor vielen Milliarden Jahren den Kosmos und somit unsere Erde schuf, war diese zunächst ein gigantischer Feuerball und brauchte dann eine sehr lange Zeit des Abkühlens. Bis sich auf der Erde Leben einstellen konnte, musste nicht nur eine Erdkruste entstehen, es musste sich auch eine Atmosphäre herausbilden und stabilisieren, die Tieren und Pflanzen ihre Stoffwechselvorgänge ermöglicht und auf der Erde die Sonnenwärme speichert, und es musste Wasser vorhanden sein. Dann konnte sich die Flora entwickeln, und im Wasser entstanden die ersten Einzeller, die sich später zu Mehrzellern verbanden. Daraus entwickelten sich die Tiere, die sich immer weiter differenzieren konnten.

Uns interessiert hier vor allem die Entstehung des Menschen. Aus den Tieren entwickelten sich immer höher differenzierte Spezies, aus welchen schließlich der Mensch entstehen konnte. Er ist die einzig überlebende Art der Gattung Homo. Innerhalb der biologischen Systematik wäre demnach der Mensch ein höheres Säugetier aus der Ordnung der Primaten und gehörte zur Unterordnung der Trockennasenaffen, also zur Familie der Menschenaffen.

Eine solch lange Entwicklung auf Erden war für unseren menschlichen Körper, der uns hier auf der Erde als wunderbares und perfektes Vehikel für die Aufnahme von Seele und Geist dient, absolut notwendig, damit er sich mit der Evolution an die Bedingungen auf unserem Planeten anpassen konnte. Hätte Gott einen »fertigen« Menschen auf die Erde gesetzt, so hätte dieser niemals überleben können. Es erhebt sich also die Frage: Stammen wir wirklich vom Affen ab? Meine Antwort darauf lautet: Der Körper im Ursprung ja, aber was uns als Menschen in unserem Bewusstsein, unserer Liebe und Güte ausmacht, sind Seelenqualitäten, und die Seele stammt direkt von Gott.

Die Seele ist vollkommen, doch da sie bedingt durch die Dualität der Geisteskräfte ihren Ursprung vergessen hat, muss sie wieder lernen, jegliche Resonanz aufzugeben, um wieder vollkommen in reiner Liebe zu sein.

Gott als höchstes universelles Bewusstsein erschuf alles, durchdringt und beseelt alles und nimmt sich selbst über die Schöpfung wahr. Er drückt damit seine Liebe aus, und da er Energie ist und Energie in Bewegung sein muss, sonst träte Starre ein, geht die Entwicklung immer vorwärts.

DIE GENESIS. Betrachten wir nun die biblische Schöpfungsgeschichte, die Genesis. Symbolisch gesehen erschuf Gott den
Menschen am sechsten Tag. »Und Gott schuf den Menschen zu
seinem Bilde, zum Bilde Gottes schuf er ihn, und er schuf sie als
Mann und Weib.« Demnach wurde Adam von Gott aus Lehm
(Erde) erschaffen, danach wurde ihm von Gott der Lebensatem
eingehaucht.

Die menschlichen Seelen sind ein Teil Gottes. Dies bedeutet,
unsere Seelen stammen aus Gott. Wir sind somit göttliche Wesen und stets mit ihm und seiner Liebe verbunden. Wir können
nun die Erschaffung Adams symbolisch als die erste Zusam-
menführung von Körper und menschlicher Seele betrachten.
Wenn wir den Körper als den von Anbeginn der Welt aus der
Materie über die Evolution sich entwickelnden Anteil von uns
betrachten und die Seele als göttlichen Teil, der sich in Vollkommenheit befand, dann kann man die Schöpfungsgeschichte
durchaus so interpretieren, dass der Körper aus der Erde her-
vorging (und auch dorthin wieder zurückgeht) und die Seele als
»Lebensatem« eingehaucht wurde. Bereits in der Antike spra-
chen die Menschen von der Seele als einer Lebenskraft, die von
den Göttern eingehaucht wurde. Damit eine Seele in einem
Körper inkarnieren konnte, musste die evolutionäre Entwicklung ein Wesen hervorbringen, über dessen Hirn die Seele in
der Lage war, ihren Ausdruck zu finden. Dies bedeutet, der
Mensch wurde mit einem ausgeprägten Neocortex, dem Groß-
hirn, ausgestattet.

Der Körper trug genetisch alle Überlebensstrategien, Triebe
für Genuss, vor allem Fortpflanzung und Nahrungsaufnahme,

sowie Gefühle in sich. Die Seele – bisher im universellen Bewusstsein, lichtvoll, liebevoll, emotionslos in Gott – fiel durch die Verkörperung aus dem Paradies, weil nun eine individuelle Bewusstwerdung stattfand. Der Mensch war also nun erschaffen. Laut dem Alten Testament reichte Eva Adam nun einen Apfel, symbolisch als eine Frucht, die sie vom Baum der Erkenntnis pflückte. Die Erkenntnis war, dass auf der Erde, in der Materie Dualität herrscht, anders als im Himmel, in der Einheit, im Paradies. Dies bedeutet, dass alles im Leben polar ist. Die Seele ist aus dem universellen Bewusstsein Gottes entstanden und bekam mit dieser Erkenntnis, unterstützt von den körperlichen Erfahrungen und Bedürfnissen, jetzt ein individuelles Bewusstsein.

Bei dem Geist, der nun geboren war, handelt es sich um ein wachsendes, sich stetig weiterentwickelndes Bewusstsein, welches sich aus individueller Erfahrung, in individueller Energie formt. Der Geist ist mit der damals schon vorhandenen Akasha-Chronik, mit »Gottes Bibliothek«, verbunden. Zum damaligen Zeitpunkt waren alle bis dahin entstandenen kosmischen Ereignisse dort schon gespeichert, und bis zum heutigen Tag sind wiederum alle jemals geschehenen Ereignisse und Erkenntnisse dazugekommen, und mit jedem Moment werden es mehr. Die Seele, die aus der paradiesischen Einheit nun abgespalten war, bleibt mit Gott verbunden. Gott gab dem Menschen den freien Willen, was ihm die Möglichkeit gibt, selbst zu entscheiden, welchen Teil der Polarität er möchte. Mit der Erkenntnis und dem freien Willen orientierte der Mensch sich an der Materie, vergaß seinen göttlichen Ursprung und fiel so aus dem Paradies.

BESEELTE MATERIE. Gott möchte eine beseelte Materie und benötigt dazu Wesenheiten, die Bewusstseinsträger sind, um so das göttliche Bewusstsein auf der Erde zu verankern. Gott erschuf also den Menschen mit einer Seele nach seinem Plan, die Materie zu beseelen. Der Mensch soll sich auf der Erde in der Materie einrichten und fortentwickeln, andernfalls gäbe es hier keine Entwicklung und keine Erkenntnis. Vor dem Menschen gab es hier kein göttliches Bewusstsein. Für uns menschliche Wesen geht es darum, uns der Einheit mit Gott stets bewusst zu sein und die pure Liebe in seinem Plan zu erkennen. Es geht auch darum, andere Menschen zu unterstützen, in dieses Bewusstsein zurückzugelangen.

Die Überwindung des Getrenntseins

Alles ist eins. Als geistige Wesen sind wir alle Schöpfer (und nicht Opfer). Die Grundlage unseres Daseins ist die Liebe, und sie sollte auch die Grundlage unseres Denkens sein. Es geht darum, eine lichtvolle Welt zu erschaffen und in Liebe zu sein. Eine bewusste Beziehung mit Gott einzugehen heißt, eine Beziehung einzugehen mit allem, was ist, denn alles ist eins. Die Beziehung zu Gott bedeutet Liebe und Frieden. Gott ist weder sichtbar noch messbar, doch jederzeit erlebbar. Wir sind göttliche Wesen, wir sind längst bei Gott angekommen – wir waren nie fort von ihm; wir müssen uns nur diesem grenzenlosen Liebesbewusstsein öffnen. Dualität existiert in der Liebe nicht. Die Herrlichkeit Gottes, das sind wir. Liebe ist unsere Essenz, sie überlebt alles. Die Liebe ist unser Seelenplan sowie unsere Daseinsberechtigung auf dieser Erde. Deshalb entsteht bei der Begegnung mit Gott ein Gefühl der absoluten Einheit und des Friedens, in welchem man an nichts mehr festhält.

Viele Menschen berichten davon, so wie auch ich es erlebte, dass bei einer Nahtoderfahrung so ein tiefes Gefühl der Einheit entstand, dass sie nicht mehr zurück auf die Erde wollten, doch gleichzeitig hatten sie die Gewissheit, dass der Aufenthalt auf der Erde noch wichtig ist. In Gott zu sein ist ein Zustand ohne Emotionen und Gedanken, es ist nur pures Sein, ein erlösender Zustand in etwas Höherem, außerhalb von Zeit und Raum behütet zu sein.

Dies haben unzählige Menschen bei einer Nahtoderfahrung, im Komazustand sowie in Erleuchtungserlebnissen kennengelernt. Jeden Tag ist die Gottesnähe für uns spürbar: durch unsere Sehnsucht nach dem Ursprung und unsere Wertschätzung des Lebens.

Zur Intensivierung Ihrer Gottverbundenheit können Sie täglich die folgende Affirmation nutzen, welche Ihnen helfen kann, Ihr liebevolles Bewusstsein zu erweitern und in göttlicher Präsenz zu sein:

»Ich bin in Gott, Gott ist in mir, ich bin mit allem in Frieden.

Im Gottvertrauen sind nicht die Gedanken wichtig, nicht Verstehen ist wichtig, sondern das dauerhafte Spüren einer umfassenden Liebe. Das gibt Vertrauen.

Ich bin Liebe und stehe in Gottes Leuchtkraft.«

LEBEN IN STIMMIGKEIT. Nach dem Seelenplan zu leben heißt, in Stimmigkeit mit allem und in Gottverbundenheit zu sein. Dann können wir Wunder erfahren und wahrlich erleben, dass, wenn wir den inneren Widerstand aufgeben, sich ungeahnte Kräfte mobilisieren lassen und sich neue Möglichkeiten öffnen. Erkennen wir auch, dass wir den Seelenplan nicht zu suchen brauchen: Es genügt, in innerer Stimmigkeit zu leben, dadurch findet der Seelenplan uns. Alles wird zu einer lichtvollen Bestimmung finden. Der göttliche Plan ist hinter allem zu finden, wenn man in Liebe forscht. Die liebevollen Lösungen liegen in der Demut und in der Besinnung des zunehmenden Bewusstseins. Wir sind geistige Wesen und damit unsterblich.

NEUES ZEITALTER. Die nahe Zukunft wird bereits große lichtvolle Veränderungen mit sich bringen. Wir befinden uns mitten in einem großen Wandel. In einem Zeitalter, in dem sich die Menschheit durch die evolutionäre Bewusstseinsentwicklung nach dem göttlichen Plan zur Liebe hin verändern wird. Physikalisch lassen sich enorme kosmische Veränderungen messen. So nehmen die Sonnenaktivitäten zu, was gleichzeitig das Magnetfeld der Erde schwächer werden lässt. Durch diese kosmischen Veränderungen bedingt, wird die Menschheit sensibler und offener, was wiederum zunehmend zu einer kollektiven Bewusstseinserweiterung führen wird. Es steht uns ein gigantischer kosmischer und geistiger Schritt in der evolutionären Entwicklung bevor. Die Abschwächung des Erdmagnetfeldes hat einen direkten Einfluss auf das Nervensystem und auf die Psyche der Menschen und somit auch auf unsere geistige Bewusstwerdung. Wenn um uns herum alles feinstofflicher wird, müssen wir darauf achten, dass wir uns diesen Veränderungen anpassen. Zu keiner Zeit in der Menschheitsgeschichte hatte der einzelne Mensch jemals die Möglichkeiten wie gerade jetzt, zu erfahren, wer er wirklich ist und was seinen Lebenssinn und seinen Seelenplan ausmacht. Es gibt kein Geheimwissen mehr, heute steht uns das ganze kosmische Wissen zur Verfügung.

Veränderungen, die die Zeit mit sich bringen wird, werden in dem Ausmaß stattfinden, in dem jeder Mensch daran reifen und somit auch in seiner Entwicklung Schritt halten kann. Das Ausmaß solcher Veränderungen hängt immer auch mit der evolutionären Entwicklung und dem freien Willen des Menschen zusammen und entsprechend auch mit dem natürlichen Verlauf der Entfaltung des Kosmos. Es obliegt nun unserem freien Willen, ob wir weiterhin nach unseren festgefahrenen Vorstellungen, die uns eine vermeintliche Sicherheit bescheren, unser Leben gestalten wollen oder ob wir den großen Schritt in das neue Zeitalter mit neuer Freiheit, Leichtigkeit, Freude und liebevollem Umgang mit uns und unseren Mitmenschen wagen.

KEIN IRDISCHES LEBEN OHNE PROBLEME. Wenn der Mensch sich seiner Angst stellt, aus der seine Probleme entstehen, kann er sich konsequent zu einem Leben in Liebe entwickeln. Das irdische Leben ist niemals ein Zustand ohne Probleme, sondern es ist ein stetes Lösen von Problemen. Es geht darum, sich in allem wahrzunehmen und sich immer weiterzuentwickeln. Hier kommt es auf den Umgang mit dem freien

Willen an; darauf, wie er mit den Ereignissen umgeht: aus der inneren Reife der Liebe oder aus der Angst heraus.

Gott erlebt sich durch uns, und wenn wir in Liebe, in Achtsamkeit und in Einheit mit der Schöpfung leben, erfüllen wir den Gottesplan. Dabei sollen wir in unserem Seelenplan unsere angstvolle Resonanz, unser Hadern mit Gott, unsere Schattenseiten transformieren und gottähnlich werden. Mögen wir uns für Gott durch unsere Bereitschaft zum Frieden mit uns selbst und mit allem öffnen. Dann sind wir selbst Lichtsäulen, durch die Gottes Energie intensiv strömen kann und uns mit grenzenloser Kraft erfüllt. Aus dieser inneren Quelle heraus sind wir mit unserem Ursprung verbunden.

Warum braucht Gott den Menschen? Gott ist das reinste Bewusstsein, kein Einzelbewusstsein, sondern das All-Bewusstsein, somit ist alles in Einheit, alles ist eins. Gott erlebt sich durch unser Einzelbewusstsein, denn Gott und die Welt sind eins, und es gehört alles zusammen und entwickelt sich zum Urlicht.

WIR KÖNNEN NICHTS FALSCH MACHEN. In liebevoller und bewusster göttlicher Verbundenheit können wir Gottes Gnade, Gottes liebevolle Zuwendungen erkennen und frei von allem Negativen sein, denn die Liebe ist der größte, der stärkste Schutz. Gottes Gnade zeigt sich in geistiger Führung und unserem freien Willen. Durch die Achtsamkeit werden wir uns dessen bewusst. Wir können im tiefen Vertrauen unser Leben in Gottes Hände legen und das Gefühl des Beschütztseins zulassen. Wir dürfen um Zeichen bitten und werden diese in

lichtvollen Fügungen erfahren, zum Beispiel in den zwischenmenschlichen Begegnungen. Gottvertrauen zeigt sich auch in
der Fähigkeit, aus Überzeugung zu eigenen Entscheidungen zu
stehen. Denn wir können nichts falsch machen. Auch wenn wir
denken, dass wir heute den falschen Weg eingeschlagen haben,
so können wir morgen wissen, dass der Weg von gestern uns
doch dienlich war. Das Wichtigste aber ist, sich selbst und den
Mitmenschen gegenüber immer Liebe entgegenzubringen.
Wenn wir in diesem Grundgefühl leben, dann sind wir stets auf
dem besten Weg und dürfen darauf vertrauen, dass wir stets
das Richtige tun.

Im Gottvertrauen erlebt man die Fügungen, Synchronizität
und Dankbarkeit gegenüber dem, was ist, sei es im Umgang
mit dem Leben, sei es im Umgang mit dem Tod. Man erlebt die
geballten Schicksalsschläge als Entscheidungsbeschleuniger
und weiß, in einer liebevollen Anbindung kann ich meinen Lebensweg mit Vertrauen gehen, denn Gott ist in allem, und wir
sind ein Teil der Schöpfung. Dann erkennt man auch aus der
inneren Weisheit heraus den lichtvollen Kreislauf des Lebens
im göttlichen Zusammenhalt. Das erwachte spirituelle Bewusstsein, welches zum Verstehen, zum Frieden und somit zur
Erleuchtung und Erlösung führt, ist jedem liebevollen und
friedvollen Herzen zugänglich.

Eine tiefe Verbundenheit mit Gott können wir gut in der
Natur erleben. Wir können dort unser eigenes Urgefühl erfahren. Im Betrachten des Werdens und Vergehens in der Natur
begegnen wir uns selbst auf einer intuitiven, unbewussten
Gefühlsebene. Auch wir haben die Kraft zur Wandlung, zur

Heilung und Regeneration. So kann Gott, als Mysterium, keine Frage und kein Geheimnis mehr sein, sondern erfahrene und gelebte Einheit. So können wir das Gefühl des Getrenntseins überwinden und in tiefer Liebe die Dualität in uns überwinden.

2 Seelenplan

Entstehung und Entwicklung

Der Beginn im Himmel. Jedes irdische Leben beginnt mit dem Mysterium der Geburt. Vor dem physischen Geburtsprozess legt eine Seele im Himmel ihren Seelenplan für eine neue Inkarnation fest. Dies findet statt, nachdem die Seele im Jenseits, in den oberen Astralwelten des Himmels, die siebte Stufe, die Dimension der reinen Liebe, durchschritten hat (siehe unten »Übergang und Aufstieg in den jenseitigen Welten«). Sie ist nun eine geläuterte Seele und befindet sich ganz im Licht Gottes, spürt ihre Unsterblichkeit und ist in reine Liebe eingehüllt. Die Seele hat jederzeit die Entscheidungsfreiheit, ob sie für ihre weitere Entwicklung die geistigen Sphären, also den Himmel, nutzt oder ein neues Erdenleben bevorzugt, also wieder auf die Erde zurückkehrt und wieder als Mensch inkarniert.

Die Entscheidung für ein neues Erdenleben fällt sie, weil sie Resonanz zum menschlichen Leben auf der Erde spürt. Sie kann sich auf der Erde in einem Körper wahrnehmen, und sie möchte im Miteinander, in Resonanz und Polarität ihre Entwicklung zur gottähnlichen Liebe weiterentwickeln. Es gibt auch reine Seelen, die aus sehr hohen Himmelsdimensionen auf unsere Erde kommen, um über ihre Inkarnation Licht und Liebe in die Welt zu bringen.

Die Seele im Bardo. Für ein neues Erdenleben richtet die Seele ihren Fokus vom Himmel aus wieder auf die Erde und bereitet sich auf ihr neues Erdenleben vor. Sie befindet sich in einer Art Zwischenleben: Im tibetischen Buddhismus bezeichnet man diesen Zustand oder diesen »Raum« zwischen Himmel und neuer Inkarnation als Bardo. Die Seele erkennt das Davor und das Danach. Sie kann aus allen vergangenen Leben diejenigen Szenen abrufen und erkennen, wo ungelöste, also nicht losgelassene Emotionen noch der Aufarbeitung bedürfen. Diese können beispielsweise ein Schock durch ein plötzliches gefährliches Ereignis, Reue nach einem Täterverhalten, Wut und Angst aus einer Opferrolle, Enttäuschungen in Partnerschaften und vieles mehr sein. Es kann auch ein über mehrere Inkarnationen hinweg bestehendes, fest sitzendes Muster sein, das eine Weiterentwicklung verhindert hat und so zur karmischen Belastung wurde. Der Mensch gerät zum Beispiel seit vielen Inkarnationen in abhängiges Verhalten oder in ein übertriebenes Helferverhalten, bei dem die Seele die eigene Entwicklung vernachlässigt hat, oder der Mensch hat sich zu sehr an der materiellen Welt orientiert, hat stets materiellen Reichtum angestrebt.

Hilfe des Schutzengels. Bei dieser Rückschau wird die Seele von ihrem Schutzengel begleitet. Zum besseren Verständnis kann man sich das ungefähr so vorstellen, dass die Seele und der Schutzengel zusammen auf einer Wolke stehen und zur Erde hinabblicken. Sie nehmen gemeinsam liebevoll den Status der Seele, ihren Entwicklungszustand und ihre in den bisherigen Inkarnationen noch nicht abgeschlossenen Erfahrungen und nicht gelösten Emotionen wahr. Aus der Summe dieser vorhandenen menschlichen Emotionen werden die anstehenden Lebensaufgaben für die neue Inkarnation erkennbar. Bei diesen Lerninhalten geht es immer vor allem um Urvertrauen, Selbstannahme und Loslassen.

Der Schutzengel zeigt der Seele aus seiner überdimensionalen Sicht einige mögliche Wege zur Erlangung der vorgenommenen Erfahrungen auf, die beispielsweise eher im beruflichen, eher im sozialen oder eher im privaten Bereich umgesetzt werden könnten. Die Seele erspürt, welchen dieser Lebensaufgaben sie sich gewachsen fühlt. Es kann dann durchaus sein, dass sie manche aufkommende Möglichkeiten auf eine spätere Inkarnation verschiebt.

Entscheidungen für das irdische Leben. Aus der Seele entwickelt sich ein Lichtpfad, aus dem die Richtung, die Gegend und die Menschen für die neue Inkarnation angezogen werden. Dieser Lichtpfad entwickelt sich aus der vorhandenen Seelenschwingung durch die noch nicht gelösten karmischen Ursachen, also der Verstrickung der noch nicht gelösten Emotionen. Dadurch entsteht eine Resonanz, durch die sich die Seele dann zu entsprechenden Lebensaufgaben und Eltern, zu einer bestimmten Kultur etc. hingezogen fühlt. So legt sie mit ihrem Schutzengel einen Plan für ihr zukünftiges Leben fest. Dieser Plan wird als innerer Ruf in der Seele gespeichert als sogenannter Seelenplan, der sich dann wie ein roter Faden durch das künftige Leben zieht.

Hier fallen die schicksalhaften Entscheidungen, die die Seele auf ihrem irdischen Lebensweg an ihren Lebensaufgaben wachsen lassen, damit sie in ihrer Resonanz noch mehr in Liebe erstrahlen und dem wahren Lebenssinn der All-Liebe in der neuen Inkarnation näherkommen kann. Dann beginnt das Abenteuer eines neuen Erdenlebens.

Der Abstieg zur Erde. Die Seele begibt sich auf eine neue Inkarnationsreise zu den Menschen auf dieser Erde. Der Schutzengel hüllt diese Seele mit seinen großen Lichtflügeln ein und trägt sie hütend auf die Erde hinunter. Bei der Zeugung ist der Schutzengel des werdenden Kindes also schon da.

Aus der Entscheidung für ein entsprechendes Elternhaus und damit für eine bestimmte Kultur resultieren dann die ganzen sozialen, seelischen und körperlichen Eigenschaften des Menschen.

Den Seelenplan bzw. den Weg der Reinkarnation gestaltet die Seele wie schon beschrieben mit ihrem Schutzengel; sie drückt ihre individuellen Gefühle dem Schutzengel gegenüber aus. Sie braucht die materielle Erfahrung in der Inkarnation, weil sie sich so am intensivsten wahrnehmen und entwickeln kann. Zu diesem Thema findet im Zwischenraum, im Bardo, geistige Absprache mit dem Schutzengel statt. Die daraus resultierende Essenz ist die Antwort auf die Fragen: Wie kann ich mein Herz noch mehr der Liebe öffnen? Somit ist der Seelenplan eine erweiterte Schwingung der Seele. Wichtig für uns dabei ist, zu spüren: Wer bin ich wirklich? Was macht mich glücklich? Wo erlebe ich meine Sinnhaftigkeit?

Das Ersehnen des Endpunkts. Was ist das Ziel am Ende des Seelenplans? Warum soll meine Seele ständig dazulernen? Wie weit soll die Entwicklung des Bewusstseins oder der Seele noch gehen? Viele Menschen sehnen sich danach, endlich ins Paradies aufzusteigen und nicht mehr wiedergeboren zu werden. Immer wieder bekomme ich diese Frage gestellt: Wann ist es endlich zu Ende? Ich antworte dann: Es ist dann zu Ende, wenn du dieses Bedürfnis, dass es zu Ende sein möge, nicht mehr hast. Das bedeutet, wenn du in dem, was ist, in Einheit bist und nicht mehr im Geringsten zweigeteilt. Nimm dich ganz an, liebe dich und spüre Frieden in dir. Sei einfach du selbst, dann bist du im Seelenplan.

Liebe als Ziel des Lebensplans. Wir kommen aus dem Bedürfnis nach Liebe auf die Erde! Nicht aus Schuld, Karma, Pech oder anderen Gründen. Es gibt keine Erbsünde und keine zu tragende Bürde. Wir müssen auch keine Schuld abtragen, sondern die Resonanz auf alte Belastungen erlösen, dann erlöst sich das Schicksal. Der Seelenplan hat das Ziel der Resonanzlosigkeit, Akzeptanz und der reinen, tiefen Liebe. Er enthält selbstverständlich viele freudige Ereignisse, und auch materielle Freuden dürfen dazugehören. Er enthält Freiheit durch den freien Willen und Liebe auf allen Ebenen. Das Wesen des Lichtes ist reinste Liebe, die Essenz der Liebe bist du selbst – das göttliche SELBST.

Der Weg zum irdischen Leben

In meinem Buch »Jenseitige Welten« habe ich ausführlich beschrieben, wie die gesamte Schwangerschaft von unterschiedlichen Engeln unterstützend begleitet wird, allen voran von den Inkarnations- und Geburtsengeln.

Die Inkarnationsengel – sie zeigen sich weiblich und strahlen ein warmes Gelb aus – fördern die Entwicklung der Mutter und des Kindes im Mutterleib. Während der gesamten Schwangerschaft sind sie anwesend und unterstützen mit ihrer Energiearbeit die Entwicklung in den neun Monaten. Sie halten ihre Hände an Mutter und Kind.

Die Geburtsengel zeigen sich in männlicher Gestalt und strahlen blau-violett. Diese Engel beschützen Mutter und Kind, indem sie wie zwei Säulen links und rechts der Mutter stehen.

Beide Engelarten bleiben nach der Geburt noch ein bis zwei Wochen, bis sich alle Energien des Kindes in seiner neuen Umgebung stabilisiert haben. Dann übernimmt wieder der Schutzengel, der die Seele schon ab der Entscheidung für diese Inkarnation begleitet hat, voll und ganz seine Aufgabe.

Die Putten. Es gibt noch die sieben Putten, die weiß-gelblich sind und sich meistens nur mit Kopf und Oberkörper zeigen. Sie haben die Aufgabe, die Seele und den Geist des Kindes zu erwecken. Das tun sie durch ihre Harmonie und ihren »Gesang«; dabei befinden sie sich über dem Kopf der Mutter, und zwar etwa vom fünften bis zum siebten Schwangerschaftsmonat.

Vergessen der Zukunft und Vergangenheit. Die bald inkarnierende Seele ist zunächst in voller Wachheit in der Aura der werdenden Mutter. Die Lichtgestalt des Kindes geht dann immer tiefer in die Mutter ein, wird also eins mit ihr, und verdichtet sich dann als Lichtkugel im Schoß der Frau.

Etwa im dritten Schwangerschaftsmonat legt sich ein Vergessenheitsschleier über die Seele des Kindes. Die Seele vergisst ihre früheren Inkarnationen und ihren himmlischen Ursprung, und sie kann auch nicht mehr die Zukunft sehen. Jetzt werden Körper, Seele und Geist verbunden. Die Seele wird menschlicher, sie schwingt tiefer. Das Vergessen ist wichtig, damit sich die inkarnierende Seele ganz auf die neue Gegenwart konzentrieren und ungefiltert neue Eindrücke sammeln kann. Andernfalls könnte die Seele geistig nicht auf der Erde inkarnieren, weil sie zu sehr von der Vergangenheit und der Zukunft abgelenkt wäre.

Beginn der eigenen Persönlichkeit. Zunächst hat der Embryo keine eigene Identität, sondern ist eins mit der Mutter. Erst ab dem fünften Monat erwacht die Persönlichkeit des neuen

Menschen. Das Kind beginnt zu spüren, dass es »da draußen« eine Welt gibt, die anders ist als es. Körper, Seele und Geist entwickeln sich weiter, damit bereitet sich das Kind immer mehr auf das neue Erdenleben vor und landet schließlich auf der Erde.

Entwicklungschance durch Selbstwahrnehmung. In den geistigen Dimensionen hat die Seele zwar Emotionen, aber keine eigenen Wahrnehmungen. Auf der Erde als Mensch kann sich die Seele bzw. der Mensch aber selbst wahrnehmen, deshalb ist die Inkarnation auf die Erde eine großartige Entwicklungsmöglichkeit. Und deshalb geht es während des gesamten irdischen Aufenthalts des Menschen darum, sich über die Resonanz, im Austausch und Miteinander in der eigenen Wesenheit wahrzunehmen. Die Seele lernt auf der Erde auch die Zeit kennen, die es im Himmel nicht gibt. Der Mensch altert mit der Zeit, um schließlich seinen irdischen Körper wieder abzulegen und in die himmlischen Dimensionen zurückzukehren. Während seines Erdenlebens wird er viele Entwicklungs-, also Lernstadien durchlaufen.

Entwicklung in Jahrsiebten. Wie ich bereits in meinem Buch »Schutzengel« beschrieben habe, weisen indische Lehren, astrologische Erkenntnisse, Rudolf Steiners Philosophie und auch andere Lehren darauf hin, dass große menschliche Entwicklungsschritte zum besseren Verständnis in Jahrsiebten aufgeteilt werden können. Jedes dieser Jahrsiebte, auch Septennien genannt, ist geprägt durch charakteristische Veränderungen.

Wenn wir diese kennen, können wir uns und unser Leben besser verstehen. Selbstverständlich verläuft die Entwicklung bei jedem Menschen individuell. Jeder begreift seine Möglichkeiten anders und bestimmt seinen Weg auf seine Weise und im eigenen Tempo. Die Aufzählung ist also lediglich als Orientierung gedacht.

Im Folgenden gebe ich die Lebensabschnitte mit ihren Entwicklungsthemen anhand der Lebensjahrsiebte kurz wieder; diese habe ich ausführlicher in meinem Buch »Schutzengel« geschildert.

0 bis 7 Jahre:
In den ersten Jahren des Menschen werden die Seele, der Geist und der Körper gestärkt und stabilisiert. In diesem Alter brauchen Kinder sehr viel Liebe und Sicherheit in ihren Beziehungen. Seelische und körperliche Übergriffe brennen sich in ihre Erinnerung ein und beeinflussen sie gerade in dieser frühen Lebenszeit negativ; sie können kein Urvertrauen entwickeln.

8 bis 14 Jahre:
Die Kräfte des Geistes und des Intellektes nehmen zu. Der Geist entwickelt sich durch das Erwachen des Intellektes. Das Kind gestaltet sein Leben zunehmend eigenständig und entwickelt eigene Wertvorstellungen; der Charakter formt sich weiter. In dieser Zeit benötigt das Kind klare Regeln mit einem guten Maß zwischen Autorität und Freiheit. Seelische und körperliche Übergriffe haben auch in dieser noch frühen Phase starke negative Auswirkungen.

15 bis 21 Jahre:
In dieser Entwicklungsstufe erwacht die eigene Persönlichkeit; für den Jugendlichen ist jetzt die Abgrenzung von anderen sehr wichtig. Er macht seine eigenen Erfahrungen und bildet eigene Ansichten. Innere Charakterstärken, die in dieser Zeit nicht entwickelt werden, sind später nur schwer aufzuholen. In dieser Lebensphase braucht der Mensch Hilfe, Sicherheit und Vorbilder. Er entwickelt zunehmend ein klares Bild von sich selbst.

22 bis 28 Jahre:
Der Mensch begreift die Welt immer mehr durch das »Ich bin«-Bewusstsein. Er muss immer mehr lernen, mit seiner Freiheit und Verantwortung umzugehen. Seine Selbständigkeit nimmt weiter zu, und er schafft seine Lebensumstände, er wählt zum Beispiel einen Beruf und gründet eine Familie. Spätestens in dieser Phase sollten die Talente genutzt werden, damit sie nicht abhandenkommen.

29 bis 35 Jahre:
In diesem Alter ist der Mensch sehr leistungsfähig. Er setzt seine Energie verstärkt für die Familie, den Beruf oder für sein Herzensthema ein. Er lebt das Leben mehr nach dem persönlichen Lebensplan und Lebenssinn. In dieser Zeit hat sich der Mensch wiederzuerkennen; er sollte unterscheiden können, welcher Anteil seines Selbst familiäre und gesellschaftliche Prägung ist und welcher sein eigener. Er sollte einen persönlichen Weg mit eigenen Überzeugungen entwickeln.

36 bis 42 Jahre:
In dieser Zeit stabilisiert sich die Persönlichkeit. Die Person blickt auf ihr bisheriges Leben zurück, entwickelt neue Pläne, korrigiert Entscheidungen und geht ihren Weg bewusster. Dabei hat sie durchaus innere und äußere Kämpfe auszufechten. Letztlich strebt die Person mehr Sicherheit und Stabilität an. Gelingt ihr dies nicht, kann sie in private oder berufliche Krisen geraten.

43 bis 49 Jahre:
Dies ist die Zeit der tatkräftigen Selbstverwirklichung. Dem Menschen wird die Intuition immer wichtiger, damit er erkennen kann, was der eigene Lebenssinn ist. Berufliche und private Entscheidungen werden oft noch einmal hinterfragt. Das siebte Jahrsiebt ist oft gekennzeichnet von Krisen; die eigene Berufung wird klarer, der Blick weitet sich. Auf der anderen Seite beginnen die körperlichen Kräfte nachzulassen.

50 bis 56 Jahre:
Es ist eine Zeit der Erfüllung – im positiven wie im negativen Sinn. Der alternde Mensch entwickelt jetzt Weisheit und innere Ruhe, indem er immer mehr seinen Lebenssinn verwirklicht. Schlägt diese Entwicklung fehl, können körperliche und seelische Probleme entstehen.

57 bis 63 Jahre:
Diese Lebensphase, die Zeit der Reife, steht für die Befreiung des Ich. Der Mensch kann jetzt besser zwischen Wichtigem und Unwichtigem unterscheiden; er ist jetzt auch bereit loszulassen. Er hat Selbstannahme und Authentizität entwickelt – das ist

der wirkliche Grund, warum das Individuum inkarniert ist. Dies ist nicht misszuverstehen als ein Endpunkt: Die Seele will oft noch eine neue Herausforderung, um sich durch die erlangte Reife anders wahrnehmen zu können.

64 bis 70 Jahre:
In dieser Phase der Beobachtung und der Ausgeglichenheit kann der Mensch innere Widersprüche integrieren. Für ihn sind jetzt die Aufgaben Demut und Weitergeben von Lebenserfahrung zentral. Er hat viele Erfahrungen gesammelt in Demut und Liebe, deshalb kann er Licht auf diese Erde bringen. Und deshalb hat er die Aufgabe, Weisheit weiterzugeben.

71 bis 77 Jahre:
Der Mensch findet seinen Platz und gewinnt nochmals an Freiheit. Einerseits lassen die Kräfte weiter nach, andererseits löst er sich von Zwängen und Pflichten. Dieses elfte Jahrsiebt steht für Lebensrückblick und Ordnung mit dem Ungelösten, inneren Abschluss mit diesem Leben und Vorbereitung auf die weitere Lebensreise.

78 bis 84 Jahre:
In dieser Zeit kann es uns gelingen, die Endlichkeit des Lebens zu akzeptieren. Wir nehmen dann immer mehr eine engelsgleiche Sicht des Lebens an. Wir können immer mehr nach innen gehen, in einer neuen Weisheit leben und das Leben aus der Weisheit Gottes betrachten. Wir schließen Frieden mit uns und anderen.

85 bis 91 Jahre:
Jetzt gelangen wir in einen inneren Frieden und in ein inneres Wissen. Wir können das göttliche Licht erkennen.

92 bis 98 Jahre:
In diesem hohen Alter können wir Erleuchtung und eine bewusste Verbindung mit dem Kosmos erfahren. Das ist ein Zustand des Loslassens, mit dem wir viel Hoffnung und wahre Liebe zu den Menschen auf der Erde bringen können. Wir verbinden uns mit dem Licht.

Weitere Lebensjahre:
Wir bereiten uns immer mehr auf zukünftige Inkarnationen vor.

Umsetzung des Seelenplans

Die Seele hat sich mit dem Seelenplan vor ihrer Inkarnation einige Ereignisse im Außen vorgenommen. Diese können ihren Ausdruck zum Beispiel in zwischenmenschlichen Begegnungen oder im Umsetzen von eigenen Talenten und Fähigkeiten finden, eben in den Geschehnissen, die die Seele für ihre Entwicklung auf ihrem Lebensweg als sinnvoll betrachtet.

Himmlische Führung auf dem Weg. Die lichtvolle geistige Welt bemüht sich aus ihrer himmlischen Dimension heraus, jeden Menschen so zu führen, dass er seinem ursprünglich vorgenommenen Weg folgen kann. Dies geschieht über das innere Wissen – die Intuition und »Geistesblitze« – im Menschen.

Die geistige Welt hat ihre eigenen Gesetze und Gegebenheiten, und diese entsprechen nicht den Gegebenheiten der materiellen Welt. Es gibt dort zum Beispiel keine phonetische Sprache, was also bedeutet, dass die Übermittlung von geistigen Inhalten ausschließlich über die Emotion auf der Herzensebene geschieht und nicht über eine gesprochene Sprache. So ist es verständlich, dass stark rationell orientierte, materiegläubige Menschen, die keinen Kontakt zu ihrer geistigen Führung herstellen können, die geistigen Welten ablehnen und auch Schwierigkeiten damit haben, an eine unsterbliche Seele und ein Fortbestehen nach dem irdischen Tod zu glauben. Je mehr ein Mensch von seinem Intellekt dominiert wird, umso stärker glaubt er an das Messbare und Wägbare der Materie. Er wird »wissenschaftsgläubig«, da die moderne Wissenschaft überwiegend aus der Erforschung der Materie besteht, die intellektuell nach den zurzeit gültigen wissenschaftlichen Gesetzen interpretiert wird. Oft kritisieren solche Menschen Dinge, die sie nicht verstehen, und lehnen sie ab.

Der Mensch als geistiges Wesen kann über seine emotionalen Herzensqualitäten mit den geistigen Sphären in Kontakt stehen. Vertraut er seiner geistigen Führung, so wird er in der Lage sein, stets die für ihn richtigen Entscheidungen zu treffen; er kann seine vorgenommenen Lebensaufgaben ausleben, seine emotionalen Verstrickungen erlösen und diese Inkarnation für einen großen Entwicklungsschritt in Richtung der All-Liebe nutzen. Falsch wäre es, sich dabei unter Druck zu setzen. Es schadet nicht, gelegentlich vom Weg abzukommen, solange man sein Ziel nicht aus den Augen verliert.

Stete Entwicklung zur All-Liebe. Jede Seele befindet sich in einem fortlaufenden Entwicklungsprozess. Unserem Seelenplan und Lebenssinn zufolge geht unsere fortwährende Entwicklung im Diesseits und Jenseits erst dann zu Ende, wenn wir alle Resonanz verloren haben, vollkommen lichtvoll geworden sind und in purer Liebe erstrahlen. Wenn die Seele frei ist, wenn sie an nichts mehr festhält, an keinem Gefühl und an keiner festgefahrenen Vorstellung, dann haben wir unser Ego überwunden und sind wieder ganz in Gottes Schwingung. Dann sind wir wieder ins Paradies zurückgekehrt. Indem das Bewusstsein von Inkarnation zu Inkarnation zunimmt, offenbart sich die Weisheit und Unendlichkeit des Seins. Immer mehr Antworten auf die Fragen des Lebens werden möglich. Achten Sie beim Setzen von Zielen und beim Verfolgen dieser Ziele darauf, dass sie immer im Einklang mit Ihren Bedürfnissen stehen, wie Liebe, Vertrauen und Nähe, und unterscheiden Sie die wichtigen von den ablenkenden und Unglück herbeiführenden Handlungen.

Alles, was für Sie und Ihren Seelenplan wichtig ist, lässt sich für Sie leicht erreichen, denn bei allen tiefen Herzensbedürfnissen erhalten Sie uneingeschränkte Unterstützung aus der geistigen Welt.

Woher die Ereignisse kommen. Viele Ereignisse in unserem Leben sind für die Entfaltung der inneren Lebensaufgaben im Höheren, im Seelenplan, also bereits vor der Inkarnation angelegt worden. Zum Beispiel begegnen wir einem Menschen, der uns rät, im Gesundheitsbereich zu arbeiten, und wir schlagen diesen Weg ein. Oder wir machen wie aus dem Nichts eine spirituelle Erfahrung, was uns gläubig werden lässt.

Die meisten Ereignisse entwickeln sich jedoch aus der momentanen Resonanz unseres vorherrschenden Gedankengutes heraus. Ein Beispiel hierfür wäre folgendes: Sie würden gern kreativ sein, trauen sich das aber nicht zu, haben eine negative Meinung über Ihre Fähigkeiten. Und Sie ziehen Menschen an, die Ihnen »bestätigen«, dass Sie unkreativ wären. Folglich probieren Sie sich nicht aus.

Wir müssen aber auch akzeptieren, dass einige wenige Erfahrungen aus einem globalen Zusammenspiel entstehen können, etwa einer Naturkatastrophe, und in unser individuelles Schicksal eingreifen.

Für die Seele ist es auch nicht von entscheidender Bedeutung, dass alle für diese Inkarnation vorgenommenen Ereignisse auch wirklich in diesem Leben eintreten. Sie können auch in einem der nächsten Leben stattfinden. Die Seele kennt keinen chronologischen Ablauf: Stellen Sie es sich so vor, dass die Seele während einer Inkarnation »übergeordnet« existiert und keinen Raum und keine Zeit wahrnimmt. Alle Erfahrungen aus all den eintretenden, auch den nicht vorgenommenen Ereignissen bringen die Seele in ihrer Entwicklung weiter.

Wie sich der Lebensplan zeigt. Je näher wir uns am Seelenplan befinden und je lichtvoller und herzlicher wir in unserem Handeln und in unseren Gedanken sind, desto stärker wird sich ein lichtvoller Weg gestalten.

Der Seelenplan kann sich offenbaren als ein Schlüsselerlebnis, eine Erleuchtungserfahrung, ein Déjà-vu, eine Nahtoderfahrung, ein Geistesblitz oder als roter Faden im Leben. Er kann sich zeigen in der Synchronizität im Leben, in einer Gottbegegnung, in der Intuition, in Visionen und Träumen oder im inneren Ruf.

Oftmals kann man erst im Rückblick erkennen, wie man dorthin gekommen ist, wo man heute steht, und man kann die himmlische Führung begreifen. Dann ist erkennbar, dass die Schicksalsschläge auch als Wegweiser gedient haben und ihren Sinn hatten, und sie können im Nachhinein lichtvoll betrachtet und erlöst werden. So wird es möglich, den Seelenplan zu erkennen und ihm nun bewusst und voller Gott- und Selbstvertrauen folgen zu können.

Verträumen wir nicht das ganze Leben, sondern verhelfen wir unseren Träumen zum Leben. Identifizieren wir uns auch nicht mit beschwerlichen Gedanken und Selbstzweifeln, sondern erinnern uns an unsere göttliche Vollkommenheit und an die Vollkommenheit allen Seins. Vergegenwärtigen wir uns unsere Wunschträume und wandeln sie in lichtvolle Ziele um. Folgen wir aus tiefster Herzensüberzeugung unserem Seelenplan der Liebe.

Zur Wahrnehmung des Seelenplans empfehle ich folgende Meditationsübung. Lernen Sie bei dieser, wie auch bei allen nachfolgenden Meditationen, die wesentlichen Schritte – die anfängliche Entspannung und bewusste Atmung –, bevor Sie sie durchführen, damit Sie sich dann besser auf sie einlassen können.

Meditationsübung
zur Wahrnehmung des Seelenplans

Setzen Sie sich bequem hin, und schließen Sie Ihre Augen.

Entspannen Sie Ihren Körper.

Atmen Sie tief ein und aus, spüren Sie die Liebe in Ihrem Herzen, und lächeln Sie sich und die Welt an. Bitten Sie Ihren Schutzengel um Unterstützung und Begleitung auf all Ihren Wegen.

Spüren Sie die Nähe des Schutzengels, und stellen Sie sich vor, wie Sie immer leichter werden und Ihre Seele mit ihm immer höher in die himmlischen Sphären aufsteigt.

Sehen Sie, wie der Himmel vor Ihnen aufgeht und Sie in einen lichtvollen Raum der Akasha-Chronik eingeladen werden. Es ist Ihr persönlicher Raum. Sehen Sie sich um, und spüren Sie, dass viel alte Energie und Erinnerung in diesem Raum schwingt, denn Sie sind nicht das erste Mal auf dieser Erde, und viele Erfahrungen aus früheren Inkarnationen sind dort bereits abgespeichert.

Lassen Sie sich Zeit, und spüren Sie, dass auch neue Kraft voller Leichtigkeit in Ihrem Raum der Akasha-Chronik mitschwingt. Dies ist die Energie Ihrer vorgenommenen Zukunft, Ihr Seelenplan.

Schauen Sie sich in Ihrem Raum der Akasha-Chronik um, erblicken Sie die Lichtgestalt Ihres Schutzengels, und fragen Sie ihn:»Was ist mein Seelenplan?«

Lassen Sie sich Zeit, und Sie werden wie in einem Film Ihre Vergangenheit vor sich betrachten können und begreifen, warum das alles nötig war, damit Sie da ankommen, wo Sie heute sind.

Lassen Sie sich weiterhin Zeit, und Sie werden dann, ebenfalls wie in einem Film vor sich, Ihre vorgenommene Zukunft sehen und begreifen, warum die Phase, in der Sie sich befinden, und der nächste notwendige Schritt wichtig sind.

Seien Sie sich Ihrer geistigen Führung sicher, und seien Sie sich der liebevollen Sinnhaftigkeit Ihres Lebens bewusst. Diese Lebensreise ist ein wertvoller Weg; auf Sie wird gut aufgepasst, Sie werden geführt.

Machen Sie sich bewusst, dass die himmlische Führung ausschließlich über Ihre Gefühle stattfindet und nicht über die Ratio. Spüren Sie die Liebe, Zuversicht und Geborgenheit in Ihrem Herzen, und bewahren Sie sich diese.

Ihr Schutzengel gibt Ihnen für Ihre Lebensreise noch eine Botschaft, in Form eines Symbols, einer Farbe mit. Sehen Sie dies in seinen lichtvollen Händen. Empfangen Sie seine Botschaft für Ihren Weg, und Sie werden spüren, dass all das Wissen, das Sie auf

Ihrem Weg brauchen, bereits in Ihnen vorhanden
ist. Sie brauchen nur Ihrem Herzen zu vertrauen und
der geistigen Führung zu folgen, und Sie wissen, es
kommt alles so, wie es sinn- und lichtvoll ist.

Ihr Schutzengel umarmt Sie mit seinen großen,
lichtvollen Flügeln. Sie dürfen Vertrauen in sich und in
das Leben haben, denn Sie werden geliebt.

Nehmen Sie die Nähe Ihres Schutzengels wahr.
Spüren Sie, wie er Sie zu Ihrem Körper, auf die Erde
begleitet. Nehmen Sie Ihre Füße, Ihren Körper, Ihre
Lebendigkeit wahr.

Atmen Sie dreimal tief durch, und spüren Sie die
Wärme in Ihrer Brust. Schenken Sie sich ein Lächeln,
und sprechen Sie dreimal innerlich zu sich selbst: »Ich
liebe mich.«

Freuen Sie sich über Ihr Leben, freuen Sie sich auf
Ihre Zukunft, und kommen Sie langsam zurück in den
Alltag, strecken Sie sich.

Seelenplan als roter Faden. Der Seelenplan ist eine erweiterte
Schwingung der Seele, der die in dieser Inkarnation vorgenommenen, zu kultivierenden Seelenqualitäten beinhaltet und der
sich wie ein roter Faden durch unser Leben zieht. Dieser rote
Faden ist dann der vorgenommene Weg, auf dem Sie sich und
alles Leben immer mehr in der Liebe erfahren und sich immer

mehr zur Resonanzlosigkeit und All-Liebe hin entwickeln. Je mehr der Mensch nach diesem Plan lebt, umso glücklicher, erfolgreicher und auch gesünder wird er sein. Folgt er dagegen nicht seinem Herzensruf, seiner Intuition und seinem Seelenruf, so handelt er vornehmlich aus seinem Intellekt und aus seinen oft unbewussten und negativen Prägungen heraus und kommt vom einst vorgenommenen Plan ab.

Wir sollten uns unseres Seelenplans bewusst sein, damit er sich entfalten kann und somit auch wir uns entfalten können. Es ist sinnvoll, den eigenen Seelenplan zu begreifen und den daraus resultierenden individuellen Lebensplan und Lebensweg zu erkennen, um das persönliche Schicksal annehmen und lichtvoll gestalten zu können, um die innere Erfüllung zu finden und um die mitgebrachten Fähigkeiten auch in das eigene Leben integrieren zu können.

Bauen Sie sich Ruhequellen auf. Erleben Sie Ihren Seelenplan durch die inneren Hinweise der Intuition. Leben Sie im Urvertrauen, in Weisheit und im tiefen inneren Wissen sowie im tiefen Gefühl der Geborgenheit und in Liebe. Werden Sie sich Ihrer inneren Weisheit bewusst, und nutzen Sie sie für Ihren Lebensweg. Unterschätzen und verurteilen Sie sich nicht, sondern erkennen Sie stets Ihre göttliche Vollkommenheit und himmlische Verbundenheit. Betrachten Sie das Leben frei und unverkrampft. Leben Sie Ihre Fähigkeiten und Ihre Berufung. In Ihrem Herzen sind alle Kräfte enthalten, welche Sie brauchen. In Ihnen sind alle Antworten, die für Ihren Seelenplan bestimmt sind. Ein weises Herz ist intensiv mit Gott verbunden und verlässt sich auf seine Führung.

Den Seelenplan kennen. Das Wissen über den Seelenplan kann den Menschen in seinem Urvertrauen festigen, ihm mehr Lebensmut und Gelassenheit geben und die Gewissheit, dass es eine ewige Heimat gibt und dass er unsterblich ist. Wenn man sich selbst als Seele erfährt, erlebt man sich und sein Umfeld viel lichtvoller und friedvoller, und alle negativen Gefühle und Unsicherheiten schwächen sich mehr und mehr ab. Dem Menschen wird dadurch auch bewusst, was er aus tiefstem Empfinden wirklich will, wohin sein Weg ihn führen soll. Er erkennt seinen Auftrag auf der Erde und dass es wichtiger ist, der eigenen Seele zu folgen als den Vorgaben von außen. Man kann das Leben oftmals nur rückwärts verstehen, aber gehen muss man es vorwärts, und leben kann man es nur in der Gegenwart.

Hören Sie in allem auf Ihr Gefühl, spüren Sie immer die Liebe in Ihnen, dann sind Sie stets auf Ihrem richtigen Weg. Seien Sie sich selbst treu. Nicht was wir erleben, sondern wie wir das Erlebte empfinden, macht unser Schicksal aus. Wir inkarnieren mit einer klaren Absicht in den Körper. Unzählige frühere Leben beeinflussen die Richtung des Lebens, das wir jetzt führen, und die Begrenzungen unseres erwachsenen Denkens trennen uns von einer erleuchteten Art zu leben. Der Intellekt hält sich am Sichtbaren fest. Erst der Blick darüber hinaus bringt uns auf die Ebene der Problemlösung. Es ist unsere Aufgabe, zu erwachen und uns und somit auch die Evolution voranzubringen. Wofür immer wir uns entscheiden, es bildet die Vorlage für das, was wir erschaffen. Wir selbst sind die Lösung für unsere eigenen wie auch für die Probleme der Welt. Es geht darum, über das Bekannte und Eingefahrene hinauszuschauen, wenn man seine Lebenserfüllung finden will. Nichts wollen, nichts erzwingen, dann kann alles von selbst geschehen. Vertrauen in das Leben und die Schöpfung sind die Grundlagen für die Erfüllung des Seelenplans.

Beeinflussung des Seelenplans

Der Seelenplan beinhaltet also die Stationen, welche die Seele sich mithilfe ihres Schutzengels für diese Inkarnation vorgenommen hat. Sie legte darin die Erfahrungen und Begegnungen, welche es zu erleben gilt, fest, weil es ihrer Sehnsucht und der noch vorhandenen Resonanz entspricht. Somit nimmt sich die Seele mehr vor, als es ihr im Menschsein bewusst ist, doch nicht alles ist geplant, was ihr tatsächlich begegnet.

Abweichungen vom Seelenplan. Das Schicksal der Seele wird bereits im Mutterleib, ab dem ersten Gedanken der werdenden Mutter beeinflusst, von den Erfahrungen in der Schwangerschaft und bei der Geburt geprägt, und die Seele beginnt, das Menschsein vom Menschen zu lernen und eine neue eigenständige, vom Jenseits und Seelenplan unabhängige Resonanz zu entwickeln. Diese Resonanz und somit die entsprechende Lebenshaltung vollzieht sich durch die Erlebnisse über die gesamte Kindheit und Jugendzeit und prägt das zukünftige Leben. Diese von äußeren Einflüssen geformte vorherrschende Meinung über sich selbst, über andere Menschen und das Leben wie auch die Entscheidungen über Beruf, privates Umfeld und gesundheitliche Entwicklung prägen den Lebensweg, der sich dadurch anders entwickeln kann, als die Seele es sich ursprünglich im Bardo vorgenommen hat und es festgelegt wurde.

Es gibt auch ein globales Feld und somit auch globale Schicksalsströmungen, sodass auch vom Seelenplan ungeplante und völlig unerwartete und primär von der Resonanz unabhängige Ereignisse geschehen können, welche ich als globales Schicksal bezeichne.

Lebensweg und Lebensaufgaben. Der Seelenplan mit seinem individuell vorgenommenen Schicksal, die neu entstandene Resonanz sowie die Einwirkung des globalen Schicksals beeinflussen gemeinsam den Lebensweg und die Lebensaufgaben. Während sich der Lebensweg im Außenleben ausdrückt, betreffen die Lebensaufgaben das Innenleben eines Menschen. Der Lebensweg befasst sich mit den Was-Fragen, mit Fragen, die das Äußere betreffen, etwa Entscheidungsfragen wie »Welchen Beruf soll ich wählen?«. Bei den Lebensaufgaben geht es um das Wie, um Fragen, die das Innere betreffen: »Mit welcher inneren Haltung soll ich dem, was vor mir ist, begegnen? Mit der Haltung der Liebe, der Angst? Mit Passivität oder Aktivität?«

Zur Schulung der Achtsamkeit gegenüber der himmlischen Führung und dem eigenen Seelenplan in allen Lebenslagen empfehle ich folgende Segnung:

»Liebe lichtvolle geistige Welt, ich bitte um Gottes Kraft und um die Führung der Engel.

Ich bitte um Segen für meinen Seelenplan und
Lebensweg.

Möge sich in mir, in meiner Partnerschaft, in meiner
Familie, in meinem Beruf, in meiner Gesundheit alles
so entwickeln, wie es sinn- und lichtvoll für mich und
alle Beteiligten ist.

Liebe Engel, geht bitte alles dafür an, was in eurer
Kraft ist, und steht mir bei all dem bei, was in meinem
Aufgabenbereich liegt.

Amen.«

Der Lebensweg findet in der Materie statt, und der Mensch
kann ihn nicht mit ins Jenseits nehmen, er endet mit dem physischen Tod. Deshalb kommt es besonders auf die Erfüllung der
Lebensaufgaben im Seelenplan an, denn die daraus resultierende innere seelische Reife und somit eine lichtvollere Resonanz
nimmt die unsterbliche Seele mit ins Jenseits zur Selbstreflexion
in den Astralwelten und zur weiteren Selbstbestimmtheit.

Selbstliebe. Es geht im Leben immer darum, sich zu einem
noch gütigeren Menschen zu entwickeln, um über die große All-
Liebe des eigenen Herzens mit dem Göttlichen zu verschmelzen.
Dies entspricht dem Lebenssinn, der Liebe. Hierüber bekommen wir auch Antworten auf unsere Lebensfragen. Alle Fragen
entstehen aus der Angst und dem mangelnden Bewusstsein heraus, alle Antworten sind in der Selbstliebe zu finden. Die
Selbstliebe ermöglicht die Nächstenliebe und irgendwann die

All-Liebe, sodass man einen tiefen Frieden im Inneren entwickeln kann und somit im Vertrauen in Gott seine Geborgenheit findet. Diese Entwicklung ist auch der Entwicklung des Friedens im Außen dienlich.

Besonders stark seines Seelenplans bewusst wird sich der Mensch in der Phase des Vergehens, innerhalb der Sterbephasen, weil hier der Intellekt nicht mehr dominiert. Dies ist ein Moment, in welchem viele Sterbende auch eine gewisse Reue empfinden. Diese richtet sich jetzt aber nicht gegen die Dinge, die sie getan haben, sondern gegen diejenigen, die sie versäumt haben zu tun und die sie in ihrer Seelenentwicklung weitergebracht hätten. Hier spüren sie, dass es in allem tatsächlich nur auf die innere friedfertige Haltung ankommt.

In dieser lichtvollen Resonanz sollte der Mensch sich im Jenseits in die höheren Sphären einschwingen und sich als Licht Gottes und somit resonanzfrei begreifen.

Solange Resonanz in irgendeiner Form besteht, besteht auch der starke innere Ruf nach einer baldigen Wiedergeburt und liebevoller Begegnung mit den Mitmenschen.

Akasha-Chronik und der Seelenplan

Kosmischer Wissensspeicher. Wir sind stets in geistiger Anbindung an den himmlischen Zentralcomputer, die sogenannte Akasha-Chronik. Die Akasha-Chronik, welche ich ausführlicher in dem Buch »Himmlisches Wissen« beschrieben habe, ist eine überdimensionale himmlische Sphäre, ein kosmischer Wissensspeicher. Sie enthält ein allumfassendes Weltgedächtnis, und jeder Seelenplan ist dort abgelegt. Der Mensch kann durch seine bewusste geistige Anbindung – über Intuition und Inspirationen – hieraus unendliches Wissen erlangen.

Inspiration entsteht durch einen äußeren Impuls oder durch sogenannte Geistesblitze und Schlüsselerlebnisse. Intuition kommt aus dem inneren Wissen heraus. Es handelt sich um die Fähigkeit, die Inspiration umzusetzen.

Das Geheimnis des inneren Wissens bedarf von jedem Menschen Erkenntnisse über seine individuelle Persönlichkeit und über sein individuelles Leben. In die Kraft der Erkenntnis kann jeder über seinen ruhigen Geist gelangen. Es ist die geistige Fähigkeit, die Vorgänge klar zu erfassen und die himmlischen Antworten zu erkennen. Im bewussten Leben geht es darum, den Stand der Dinge zu begreifen, den vorhandenen Zustand zu erkennen und zu akzeptieren, Vergangenes loszulassen, im Hier und Jetzt zu sein und den Fokus stets auf neue Ziele zu richten. Mit diesem Bewusstsein können wir Antworten auf die Lebensfragen erhalten und somit im Leben richtige Entscheidungen treffen.

Stirbt der Mensch, geht sein Geist in die Akasha-Chronik ein; seine ganzen gemachten Erfahrungen werden dort abgespeichert, und das gesammelte Wissen steht somit allen Menschen zur Verfügung. Deshalb wird die Akasha-Chronik auch Gottes Bibliothek genannt.

Sich öffnen für die Weisheit. Mit der Akasha-Chronik sind wir auf der überbewussten Ebene in Verbindung; diese Dimension steht uns also im täglichen Leben zur Verfügung – wenn wir uns ihr öffnen. Ob wir all das Wissen tatsächlich nutzen, hängt davon ab, wie gut es uns gelingt, in geistiger Anbindung zu sein. Menschen, die sehr materiegläubig sind und nicht an das Höhere glauben, haben kaum Zugang dazu. Wer jedoch Gottvertrauen hat und aus dem Herzen lebt, dem steht die himmlische Bibliothek offen. Meditation und Gebete unterstützen uns dabei, aus dem großen Wissen und der großen Weisheit zu schöpfen.

Umgang mit dem Seelenplan

Achtsamkeit und Bewusstheit. Wie sollten wir mit dem Seelenplan umgehen? Das ergibt sich schon daraus, dass wir das Leben mit Achtsamkeit und mit Bewusstheit meistern. Dabei sollten wir keine Schwere tragen, und wir müssen auch nicht durch Leid hindurchgehen. Wir sollen Freude, Glück, Leichtigkeit und Begeisterung empfinden, weil diese Eigenschaften den Weg zur Liebe darstellen. Liebe muss nicht wehtun, wie manche glauben, vielmehr will Liebe erstrahlen.

Ruhe, Meditation, Gebete, Segnungen, Achtsamkeit, Selbstbestimmung, Intuition, Herzensruf, Wertschätzung dem Leben gegenüber, Dankbarkeit für das Leben, Mitschöpfen von Schönem sowie die neun Schritte zur Selbsterkenntnis können viel dazu beitragen, den Seelenplan glücklich zu meistern. Es gibt neun entscheidende Entwicklungsschritte für jeden Menschen (siehe weiter unten), um zur Erfüllung zu finden, um den eigenen Seelenplan zu erkennen und zu verwirklichen.

Dabei gilt: In innerer Ruhe und göttlicher Ausrichtung sollten wir uns bewusst werden, dass wir immer in Güte leben sollen und somit im Licht Gottes stehen. Wir sollen uns stets in Liebe wahrnehmen, den eigenen Atem, welcher uns als Wegweiser zur inneren Ruhe dienen soll, bewusst wahrnehmen und tief in den Bauch atmen. Dadurch kommen und bleiben wir in unserer inneren Mitte.

Geistige Zeichen erkennen. In diesem Bewusstsein der geistigen Führung sind wir resistent gegen Stress, und wir können die geistigen Zeichen erkennen. Diese beginnen mit den eigenen Reaktionen auf Dinge, die uns begegnen. Schon die achtsame Wahrnehmung, ob wir innerlich entspannt oder angespannt sind, zeigt uns, ob wir in die richtige oder die falsche Richtung gehen. In unseren Empfindungen drücken sich auch die himmlischen Zeichen des Schutzengels aus; es zeigt sich, ob wir unserem Herzen folgen, entspannt und frei sind, oder ob wir uns verschließen und uns eher unglücklich fühlen. Wir sollten für uns selbst der Kompass sein.

Geistige Zeichen auf dem Weg des Seelenplans können auch andere Menschen sein, zum Beispiel unser Partner, unsere Kinder. Geistige Zeichen erleben wir in vielen Formen, auch in der Synchronizität, wenn sich Dinge ohne unser Zutun zusammenfügen, wenn zum Beispiel Menschen zueinanderfinden, die die gleichen Ideale haben, oder auch Menschen, die ungleich sind, die aber für ein Projekt sinnvoll füreinander sind. An solchen und vielen anderen himmlischen Fügungen können wir das überdimensionale Wirken der Engel, die himmlische Führung und den eigenen Seelenplan erkennen. Deshalb sollten wir jeden Tag in einer nach innen gerichteten Haltung, in Bewusstheit, Achtsamkeit und der festen Überzeugung leben, dass die geistige Welt uns führt. Ich empfehle folgendes Gebet:

»Liebe Engel, unterstützt mich in meiner Kraft,
seid bei mir und helft mir, die Angelegenheiten mit
eurer Hilfe zu lösen.

Amen.«

Leichtigkeit verinnerlichen. Im Bewusstsein, dass wir nicht alles allein tragen müssen, können wir auch zunehmend unsere Sorgen abgeben und eine engelsgleiche Leichtigkeit verinnerlichen. In dieser Anbindung erkennen wir in allem einen Sinn, auch mitten in einem hektischen Alltag, und können das Leben als sinnerfüllt erleben und genießen. Denn so können wir erfahren, dass tatsächlich alles mit Sinn, mit Liebe und mit Gefühlen erfüllt ist und alles ein Geschenk ist. Wir können erkennen, dass wir mit unserer Inkarnation nicht aus dem Himmel gefallen sind. Wir sollten uns in allen Lebenssituationen unseres unerschütterlichen Glaubens bewusst werden. All die Hektik, all die Gefühle von Unzulänglichkeit mögen wir als Irrwege und nicht als den Weg des Herzens und somit auch nicht als göttliche Wahrheit begreifen. Und mögen wir diesen negativen Zustand im Inneren wie auch im Außen wandeln in Liebe. Denn die Liebe ist die Kraft Gottes, welche auch so gelebt werden will. Wir sollen uns in unserer Entwicklung besinnen auf die Liebe in uns und auf die Dankbarkeit für alles, was wir im

Leben haben. Aus dieser Liebe heraus wird uns dann bewusst werden, was uns so irritiert und frustriert hat und was es in unserem Leben zu ändern gibt, damit wir an unseren lichtvollen Seelenplan gelangen können. So wird uns der Sinn des Lebens bewusst, welchen wir innerlich als Herzensruf unserer Weisheit schon immer gespürt haben.

Vollkommenheit statt mechanische Perfektion. Das Leben ist kein Streben nach Perfektion, sondern ein immerwährender Prozess, bei welchem die nachfolgend aufgeführten Bewusstseinsfragen sehr helfen können. Im Leben geht es darum, die Vollkommenheit zu erfahren und nicht an einer mechanischen Perfektion zu arbeiten. Es geht nicht darum, ein problemloses Leben zu erfahren, sondern ein Leben voller Antworten und voller Sinn zu leben. Deshalb bin ich davon überzeugt, dass jeder Mensch, egal in welchem Land, mit welcher Biografie, in welchem Umfeld auch immer, seine Eigenverantwortung für sein Leben, für seine Lebenseinstellung übernehmen kann und dass jeder Mensch ganz klar für sich, als Erwachsener, entscheiden kann, woran er wirklich glauben will und tatsächlich glaubt: an die Unzulänglichkeiten oder an die Vollkommenheit der Schöpfung? Erst dann übernimmt er auch seine Aufgabe, diese Schöpfung lichtvoll zu beseelen, ein aktiver, verantwortungsvoller Mensch zu sein und seine Freiheit zu nutzen. Dadurch geschieht dann das Wunder, dass der Frieden im Herzen einkehrt und immer größer wird. Durch diese Fähigkeit ist man dann so in seiner eigenen Liebesfähigkeit und Schöpferkraft gestärkt, dass man in der Lage ist, ein liebevoller und wertvoller

Teil der Gemeinschaft, seiner Familie, der Menschheit und der Welt zu sein. Das ist die Kunst, kein Egoist und kein Pessimist zu sein, sondern ein optimistischer Mensch, der in seiner Eigenliebe ruht und aus seinem inneren Frieden heraus immer sein Bestes tut.

Folgen Sie Ihrem Weg. Dieses spirituelle Bewusstsein macht deutlich, dass alle Menschen in ihrer Liebe gleich sind, dass die Liebe uns verbindet und der Mensch frei ist, seinem liebevollen und individuellen Seelenplan mutig zu folgen. Spiritualität will gelebt werden und fordert authentische, individuelle Erfahrungen sowie ein Bewusstsein von der Eigenverantwortung und Freiheit, welche eine wahrhaftige Orientierung für ein persönliches Sein bietet. Jeder muss seinen Weg individuell für sich verinnerlichen und verstehen, damit er daraus Kraft und Nutzen ziehen kann. Deshalb unterstützen uns die bewussten Lebensfragen darin, unsere geistige wie auch die emotionale Freiheit zu nutzen und stets über uns selbst hinauszuwachsen, und machen uns in unserer Liebe handlungsfähiger. In diesem Bewusstsein hat dieser liebevolle Charakter absolut Sinn und Zweck und eine grenzenlose Zukunft. So können die himmlischen Kräfte ihr Licht in unser Bewusstsein bringen, in unserem Dasein auf Erden verbreiten.

Die neun Schritte zur Selbsterkenntnis

Im Mittelpunkt der neun Schritte zur Selbsterkenntnis und der Erkenntnis des individuellen Seelenplans stehen zunächst fünf Lebensfragen. Wir müssen erst diese beantworten und erfüllen, damit wir stark und gefestigt genug sind, um die Entwicklungsschritte sechs bis neun mit ruhiger Kraft vollziehen zu können. In diesen geht es um Eigenschaften, die wir dann in uns weiterentwickeln sollen.

Gerade während unseres Übergangs in ein neues Zeitalter spielen diese neun Schritte eine entscheidende Rolle, sowohl für den einzelnen Menschen als auch für die Gemeinschaft.

Wenn wir diese Entwicklungsschritte vollbracht haben, vielleicht in einigen Wochen, Monaten oder auch Jahren, bedeutet das natürlich nicht, dass damit unsere gesamten Entwicklungsaufgaben erledigt wären. Wir entwickeln uns, solange wir leben. Die fünf Lebensfragen und vier Eigenschaften tauchen immer wieder auf – auf eine andere, subtilere Art und Weise – und wollen erneut bearbeitet werden. Denn die lichtvolle Entwicklung hört nicht irgendwann auf. Ich empfehle, sich diese Fragen bei Bedarf immer wieder zu stellen.

LEBENSFRAGE 1: Woran will ich glauben?

1. Entwicklungsschritt:
Lebensmut, Kraft zur Vergangenheitsbewältigung

Bei dem ersten Entwicklungsschritt geht es darum, die Vergangenheit zu bewältigen und loszulassen. Das können wir erreichen, indem wir zur Ruhe kommen und Furchtlosigkeit üben im Vertrauen auf die göttliche Führung und im immer deutlicheren Erleben des Aufgehobenseins in Gott. Nur in diesem Bewusstsein lebt man konsequent den Glauben an das Gute in sich und in der Welt. Wenn man eine Sackgasse bemerkt, sollte man sich hinterfragen und die unterbewusste, ängstliche Haltung korrigieren.

Übung 1: Woran will ich glauben?

Setzen Sie sich bequem hin, und schließen Sie Ihre Augen.

Entspannen Sie Ihren Körper.

Atmen Sie tief ein und aus, spüren Sie die Liebe in Ihrem Herzen, und lächeln Sie sich und die Welt an. Bitten Sie Ihren Schutzengel um Unterstützung und Begleitung durch Ihre Meditation.

Machen Sie sich bewusst, dass der Seelenplan eine erweiterte Schwingung Ihrer Seele ist, welche die vorgenommenen Schicksalsfäden, die sich durch Ihr Leben ziehen, beeinflusst, und dass Ihre gegenwärtige Grundstimmung stets die innere Harmonie und die himmlische Führung begünstigen, aber auch behindern kann.

Stellen Sie sich die Frage:»Woran will ich glauben?«, und spüren Sie in Ihr Herz hinein, ob gerade Angst oder Liebe in Ihrem Herzen überwiegt.

Besinnen Sie sich auf die Grundstimmung der Liebe in Ihnen, und denken Sie Liebe, fühlen Sie Liebe, und atmen Sie in Liebe tief und harmonisch.

Lächeln Sie alles Angstvolle an, machen Sie sich bewusst, dass es sich dabei nur um tief sitzende Muster der Vergangenheit handelt und diese Empfindung somit nicht real ist.

Machen Sie sich bewusst, dass Gottes Wahrheit nur Liebe ist. Gehen Sie ganz ins Gottvertrauen, und spüren Sie immer mehr Vertrauen zu sich selbst.

Erinnern Sie sich, dass Ihre Resonanz eine große Rolle für die Zukunftsgestaltung spielt, und verinnerlichen Sie den Satz:
»Wo Angst ist, will Liebe noch mehr erwachen.«
Und geben Sie sich ganz dem geborgenen Gefühl der Liebe hin.

Machen Sie sich bewusst, dass all Ihre liebevollen Gedanken als Segen wirken, Ihnen Achtsamkeit für

Ihren Seelenpfad ermöglichen, und freuen Sie sich auf die lichtvolle Erfüllung Ihres Seelenplans, dann sind Sie in Ihrer Schöpferkraft.

Trauen Sie sich zu, Ihren Träumen und Ihrem Herzensruf zu folgen. Denn in göttlicher Verbundenheit steht Ihnen all das Wissen und die Weisheit zur Verfügung, die Sie für Ihren Seelenplan benötigen.

Atmen Sie dreimal tief durch, und spüren Sie die Wärme in Ihrer Brust. Schenken Sie sich ein Lächeln, und sprechen Sie dreimal innerlich zu sich selbst: »Ich bin Liebe, ich bin Licht, Gottes Kraft erfüllt mich.«

Freuen Sie sich über Ihr wunderbares Leben, freuen Sie sich auf eine lichtvolle Zukunft, und kommen Sie langsam zurück in den Alltag. Bewahren Sie die Liebe in Ihrem Herzen, mit dem tiefen Bewusstsein, dass Sie alles meistern werden.

LEBENSFRAGE 2: Wie und was will ich wirklich sein?

2. Entwicklungsschritt:
Aus Erfahrung lernen, um sich bewusst zu formen

Im zweiten Entwicklungsschritt geht es darum, sich laufend daran zu erinnern, dass wir selbst wählen, ob wir aufgeschlossen und fröhlich sind, ob wir Altes abschließen, bevor wir mit etwas Neuem beginnen. Denn all das ist eine Grundlage, um selbstbestimmt auf die Frage »Wie will ich sein?« antworten zu können. Hören Sie Ihren inneren Ruf, erfahren Sie Ihre Ziele dauerhaft im Herzen, und Sie werden sie erreichen. Denn wo immer Sie sich im Geiste dauernd und geduldig sehen, dahin wird das Schicksal Sie tragen. Denn jeder Gedanke ist ein Baustein für das werdende Schicksal.

Übung 2: Wie und was will ich wirklich sein?

Setzen Sie sich bequem hin, und schließen Sie Ihre Augen.

Entspannen Sie Ihren Körper.

Atmen Sie tief ein und aus, spüren Sie die Liebe in Ihrem Herzen, und lächeln Sie sich und die Welt an. Bitten Sie Ihren Schutzengel um Unterstützung und Begleitung auf all Ihren Wegen.

Machen Sie sich bewusst, dass der Seelenplan sich Ihnen über Ihre Intuition und Ihren inneren Ruf

71

offenbart, und spüren Sie in die Frage hinein:
»Wie und was will ich wirklich sein?«
Welches Gefühl kommt dabei in Ihnen hoch? Welche
Vision von sich selbst erhalten Sie? Welche inneren
Stärken, welche Schönheit strahlen Sie dabei aus?
Welche Herzenseigenschaften zeigen sich dabei in
Ihrer Persönlichkeit?

Sie werden feststellen, dass diese Kraft, diese
inneren Eigenschaften, dieser innere Ruf sich wie ein
lichtvoller Wegweiser durch Ihr Leben ziehen wird,
wenn Sie es zulassen.

Schöpfen Sie Mut und Motivation, Ihrem Herzen noch
mehr zu vertrauen und zu folgen, Ihre Visionen zu
erfüllen, Ihre Handlungen mit Sinnhaftigkeit anzufüllen
und ein Leben nach eigener Fasson zu führen.

Nehmen Sie Ihre Vision von sich selbst ganz in Ihr
Herz hinein, schenken Sie dieser Vision Achtsamkeit,
und es werden Ihnen auch im Außen Wege gezeigt
werden, sodass diese Vision Wirklichkeit wird. Freuen
Sie sich darauf, Ihren Seelenplan zu erfahren und
auszuleben.

Atmen Sie dreimal tief durch, und spüren Sie Wärme
in Ihrer Brust. Schenken Sie sich ein Lächeln, und
sprechen Sie dreimal innerlich zu sich selbst: »Ich
liebe mich.«

Freuen Sie sich über Ihr Leben, freuen Sie sich auf Ihre Zukunft, und kommen Sie langsam zurück in den Alltag. Spüren Sie die Kraft und Zuversicht in Ihrem Herzen.

LEBENSFRAGE 3: Wie sehr liebe ich mich selbst?

3. Entwicklungsschritt: Schönheit erkennen und schätzen, die eigene Anmut leben

Im dritten Entwicklungsschritt geht es um die Fähigkeit, die Schönheit des Lebens zu erfahren, um die Sinne zu schärfen für ganzheitliche Harmonie, für den Segen und die Schönheit vermeintlich kleiner Dinge: eine Knospe, die aufgeht; ein Regentropfen, der auf den Boden trifft; neugierige Kinderaugen; Vogelgezwitscher und vieles mehr.

Übung 3: Wie sehr liebe ich mich selbst?

Setzen Sie sich bequem hin, und schließen Sie Ihre Augen.

Entspannen Sie Ihren Körper.

Atmen Sie tief ein und aus, spüren Sie die Liebe in Ihrem Herzen, und lächeln Sie sich und die Welt an. Bitten Sie Ihren Schutzengel um Unterstützung und Begleitung in Ihrer Meditation.

Machen Sie sich bewusst, dass der Sinn des Lebens die All-Liebe ist, welche dem göttlichen Bewusstsein entspricht, und dass der Weg zur All-Liebe über die Selbstliebe führt. Die Liebe zieht sich wie ein roter Faden durch Ihren Seelenplan und will sich darin erfüllen.

Fragen Sie sich aufrichtig: »Liebe ich mich selbst bedingungslos, von ganzem Herzen?«

Lächeln Sie dabei alle störenden, negativen Gedanken aus liebevollem Herzen an, und spüren Sie die wachsende innere Ruhe, Harmonie und den Frieden in Ihnen.

Sie gelangen immer mehr in den friedvollen Zustand der Selbstannahme und Liebe.

Verweilen Sie darin, und verinnerlichen Sie diesen Zustand, solange Sie möchten.

Atmen Sie dreimal tief durch, und spüren Sie eine erfüllende Wärme in Ihrer Brust. Schenken Sie sich ein Lächeln, und sprechen Sie dreimal innerlich zu sich selbst: »Ich liebe mich von ganzem Herzen.«

Freuen Sie sich über Ihr Leben, freuen Sie sich auf Ihre licht- und liebevolle Zukunft, und kommen Sie langsam zurück in den Alltag. Lieben Sie sich und die Welt.

LEBENSFRAGE 4: Führt mein Verhalten zur Heilung?

4. Entwicklungsschritt: Lebensbejahung; Heilkraft

Die Fähigkeit, uns selbst zu heilen, ist uns angeboren; sie ist ein fester Bestandteil unseres Lebenssystems. Wenn Sie sich mit Ihrem Körper, Ihrem Geist und Ihrer Seele bewusst verbinden, dann werden Sie die Heilprozesse in Ihrem System aktiv unterstützen.

Übung 4: Führt mein Verhalten zur Heilung?

Setzen Sie sich bequem hin, und schließen Sie Ihre Augen.

Entspannen Sie Ihren Körper.

Atmen Sie tief ein und aus, spüren Sie die Liebe in Ihrem Herzen, und lächeln Sie sich und die Welt an. Bitten Sie Ihren Schutzengel um Unterstützung und Begleitung bei Ihrer Meditation.

Machen Sie sich bewusst, dass Ihr Seelenplan Ihnen den Weg und das Ziel der Resonanzerlösung aufzeigt, und betrachten Sie Ihre gegenwärtige oder die sich wiederholenden Resonanzen.

Fragen Sie sich nun: »Führt mein Verhalten zur Heilung?«

Beobachten Sie die Erinnerungen, welche in Ihnen hochkommen. Was sind es für Emotionen und Situationen in Ihrem Leben, welche sich Ihnen immer wieder offenbaren?

Machen Sie sich bewusst, dass sich in diesen Ihre Lebensaufgaben widerspiegeln und dass sie sich weiterhin durch Ihr Leben ziehen werden, bis Sie daraus Ihre lichtvollen Erkenntnisse ziehen, heilsame Verhaltensweisen entwickeln und sie somit erlösen.

Heilende und liebevolle Reaktionen zu entwickeln statt schädlichen Verhaltens sich selbst oder auch anderen gegenüber ist immer lohnenswert, denn dann wird der Weg frei für die Erfüllung Ihres lichtvollen Seelenplans.

Betrachten Sie nun die Situationen, welche in Ihnen Resonanzen auslösen, aus göttlicher und überpersönlicher Perspektive, verändern Sie Ihren Blickwinkel, und schöpfen Sie eine erlösende Erkenntnis daraus. Entscheiden Sie sich dafür, beim nächsten Mal darauf heilsam, weise und souverän zu reagieren.

Atmen Sie dreimal tief durch, und spüren Sie die Wärme in Ihrer Brust. Schenken Sie sich ein Lächeln, und sprechen Sie dreimal innerlich zu sich selbst: »Ich bin Liebe, ich bin Licht, Gottes Kraft erfüllt mich.«

Freuen Sie sich über Ihr Leben, freuen Sie sich auf
Ihre lichtvolle Zukunft, und kommen Sie langsam
zurück in den Alltag. Empfinden Sie Verständnis für
sich und Ihre Mitmenschen.

LEBENSFRAGE 5: Was lehne ich in mir ab?

5. Entwicklungsschritt: Hoffnung und Ausdauer entwickeln, um innere Widerstände aufzulösen

Inhalte dieses Entwicklungsschrittes sind Selbstannahme;
Zielstrebigkeit; Hoffnung trotz widriger Umstände; die Fähigkeit, einmal Beschlossenes auch in die Tat umzusetzen; und
die Beharrlichkeit, einen einmal eingeschlagenen Weg zu Ende
zu gehen.

Übung 5: Was lehne ich in mir ab?

Setzen Sie sich bequem hin, und schließen Sie Ihre
Augen.

Entspannen Sie Ihren Körper.

Atmen Sie tief ein und aus, spüren Sie die Liebe in
Ihrem Herzen, und lächeln Sie sich und die Welt an.
Bitten Sie Ihren Schutzengel um Unterstützung und
Begleitung bei Ihrer Meditation.

Machen Sie sich bewusst, dass man das, was man auf seinem Lebensweg ablehnt, wie magnetisch anzieht.

Die Ablehnung des Selbst zeigt sich oft darüber, dass man andere Menschen oder Dinge ablehnt.

Spüren Sie in sich hinein, und erforschen Sie, ob sich Neid, Missgunst, Verurteilung oder Ähnliches in Ihrer Resonanz befinden. Solche Gefühle blockieren den Weg des Seelenplans, denn sie lassen uns die Lebensumstände zu engstirnig betrachten; wir bleiben somit verschlossen für die unerwarteten Wunder, Erkenntnisse und Lösungen im eigenen Leben.

Seien Sie mit allem, was Sie tangiert, nachsichtiger, mitfühlender und ohne Bewertung. Dann werden Sie auch sich selbst gegenüber nachsichtiger, mitfühlender und ohne Bewertung sein.

Schöpfen Sie aus Ihrer inneren Betrachtung eine heilsame und liebevolle Erkenntnis, und gehen Sie mit unliebsamen Dingen von nun an souveräner um; vielleicht betrachten Sie diese auch mit einer Portion Humor.

Dies weitet den eigenen Horizont und schärft den Blick für die eigene innere und äußere Unabhängigkeit und die eigenen Fähigkeiten und Möglichkeiten.

Atmen Sie dreimal tief durch, und spüren Sie die
Wärme in Ihrer Brust. Schenken Sie sich ein Lächeln,
und sprechen Sie dreimal innerlich zu sich selbst:
»Ich bin Liebe, ich bin Licht, Gottes Kraft erfüllt mich.«
Freuen Sie sich über Ihr Leben, freuen Sie sich auf
Ihre Zukunft, und kommen Sie langsam zurück in den
Alltag. Lächeln Sie das Leben an.

LEBENSTHEMA 6: Stärkung der eigenen Individualität und geistigen Klarheit

6. Entwicklungsschritt:
Klarheit und Reinheit in mir selbst entfalten

Der sechste Entwicklungsschritt stärkt die Ordnung, Klarheit,
Harmonie in den Gedanken und die Reinheit. Mit Reinheit ist
gemeint, dass meine Absichten anderen von Nutzen sind bzw.
allen anderen nicht schaden.

Übung 6: Stärkung der eigenen Individualität und geistigen Klarheit

Setzen Sie sich bequem hin, und schließen Sie Ihre
Augen.

Entspannen Sie Ihren Körper.

Atmen Sie tief ein und aus, spüren Sie die Liebe in
Ihrem Herzen, und lächeln Sie sich und die Welt an.

Bitten Sie Ihren Schutzengel um Unterstützung und Begleitung bei Ihrer Meditation.

Lassen Sie folgende Fragen auf sich wirken:»Lebe ich meine Individualität? Bin ich mir über meine Ziele und meine Lebensgestaltung wirklich im Klaren?«

Vergegenwärtigen Sie sich, dass Sie als eine individuelle Persönlichkeit auch einen individuellen Seelenplan als Ausdruck Ihrer Seele haben. Und dass dieser sich umso mehr erfüllen kann, je mehr Sie Ihrem eigenen Seelenpfad folgen und Ihre eigenen Entscheidungen treffen, das heißt Entscheidungen, die nicht von anderen Menschen beeinflusst sind.

Dann kann Ihr Leben leicht und ohne große Stagnationen fließen, weil Sie Ihr eigenes Glück leben und nicht die Vorstellung anderer.

Lassen Sie Ihre Träume wach werden und Ihr Herz zu Ihnen sprechen. Entscheiden Sie sich konsequent für das, was Sie dabei hören, und seien Sie tief überzeugt, dass sich Ihre Träume mithilfe der himmlischen Führung erfüllen werden.

Trauen Sie sich, klar zu unterscheiden, was Ihnen guttut und was Ihnen nicht entspricht, und übernehmen Sie Verantwortung für Ihre Bedürfnisse, indem Sie zu ihnen und zu Ihren Zielen stehen.

Dies gibt Ihnen Kraft und Mut, für Sie nicht stimmige Situationen zu verändern. Es gibt Ihnen auch die Kraft, diese Situationen loszulassen, und die Weisheit, sich liebevoll und konsequent für Ihre Freiheit einzusetzen.

Die Bewusstwerdung Ihrer wahren Persönlichkeit setzt in Ihnen liebevolle Stärken frei, welche Ihnen helfen, eine eigene Meinung über Ihr Leben zu bilden und sich von niemandem abhängig zu machen, sondern konsequent einen eigenen Weg zu gehen. So lernen Sie, Ihre persönlichen Grenzen zu respektieren, und Sie lernen, diese Grenzen auch anderen aufzuzeigen. In geistiger Offenheit und Klarheit können Sie Großes vollbringen, sich schützen und von sich nicht mehr abverlangen, als Sie bereit sind, aber auch nicht weniger.

Schätzen Sie sich, schätzen Sie Ihre Stärken und Ihr Können, und seien Sie sich über Ihre Bedürfnisse voll und ganz im Klaren. Respektieren Sie Ihre persönlichen Grenzen, so werden Sie auch die persönlichen Grenzen, Bedürfnisse und Ansichten Ihrer Mitmenschen respektieren können.

Atmen Sie dreimal tief durch, und spüren Sie die Wärme in Ihrer Brust. Schenken Sie sich ein Lächeln, und sprechen Sie dreimal innerlich zu sich selbst:»Ich bin Liebe, ich bin Licht, Gottes Kraft erfüllt mich.«

Freuen Sie sich über Ihr Leben, freuen Sie sich auf Ihre lichtvolle Zukunft, und kommen Sie langsam zurück in den Alltag. Spüren Sie, was für eine große Kraft in Ihnen steckt.

LEBENSTHEMA 7: Stärkung von Inspiration und Vision als Ausdruck des Seelenplans

7. Entwicklungsschritt: den Horizont erweitern; offen werden für die persönliche Zukunft, für den individuellen Seelenplan

Im siebten Entwicklungsschritt geht es um die Gabe der Vorausschau und Vorausplanung, um Visionen und um die Bereitschaft, sich auf Neues einzulassen.

Übung 7: Inspiration und Vision als Ausdruck des Seelenplans

Setzen Sie sich bequem hin, und schließen Sie Ihre Augen.

Entspannen Sie Ihren Körper.

Atmen Sie tief ein und aus, spüren Sie die Liebe in Ihrem Herzen, und lächeln Sie sich und die Welt an.

Bitten Sie Ihren Schutzengel um Unterstützung und Begleitung bei Ihrer Meditation.

Fragen Sie sich:»Welche Vision habe ich von meiner Zukunft? Was inspiriert und beflügelt mich in meinem Leben?«

Hören Sie in sich hinein, und lassen Sie sich etwas Zeit, damit die Antworten in Ihnen entstehen können.

Vielleicht wird Ihnen zunächst bewusst werden, dass Sie zwar am Leben teilhaben, auch eine ausgeprägte Ansicht zu den Geschehnissen haben, dass Ihre Ansichten aber letztendlich durch Ihre Erziehung beeinflusst sind und nicht unbedingt Ihrer Persönlichkeit und Ihrem Seelenplan entsprechen.

Sie fühlen sich innerlich nicht»rund«, es ist eine seelische Leere vorhanden.

Vielleicht werden Sie auch zunächst Ihr Selbstbild und Ihre Vorstellung von der eigenen Zukunft hinterfragen, sich fragen, ob diese Zukunft tatsächlich die ist, die Ihre Seele für Sie vor Ihrer Geburt bestimmt hat.

Achten Sie beim In-sich-Hineinlauschen auf einengende Emotionen. Seien Sie sich bewusst, dass diese einem erfüllten Seelenweg im Wege stehen und Sie sie heilsam verändern müssen. Denn durch die innere Erkenntnis vollzieht sich die Änderung im Außen.

Stellen Sie sich vor, neue Wege auszuprobieren oder gar einen völlig neuen Abschnitt im eigenen Leben zu beginnen, welcher sich durch die vorangehende Persönlichkeitsentwicklung herauskristalliert.

Haben Sie Freude bei der Erforschung Ihrer unverwechselbaren und liebevollen Persönlichkeit. Seien Sie stets offen und kreativ in Ihrer Lebensbetrachtung, denn die Entwicklung geht stetig voran.

Atmen Sie dreimal tief durch, und spüren Sie die Wärme in Ihrer Brust. Schenken Sie sich ein Lächeln, und sprechen Sie dreimal innerlich zu sich selbst: »Ich liebe mich.«

Freuen Sie sich über Ihr Leben, freuen Sie sich auf Ihre lichtvolle Zukunft, und kommen Sie langsam zurück in den Alltag. Halten Sie Ihre Ziele im Herzen fest.

LEBENSTHEMA 8: Stärkung der Freiheit der göttlichen Individualität

8. Entwicklungsschritt: Als Persönlichkeit authentisch und zugleich emotional stabil sein

Im achten Entwicklungsschritt geht es um die innere Einheit und Ganzheit des Menschen, um den Fluss des Lebens, die echte Annahme des irdischen Lebens und der eigenen Persönlichkeit.

Übung 8: Stärkung der Freiheit der göttlichen Individualität

Setzen Sie sich bequem hin, und schließen Sie Ihre Augen.

Entspannen Sie Ihren Körper.

Atmen Sie tief ein und aus, spüren Sie die Liebe in Ihrem Herzen, und lächeln Sie sich und die Welt an. Bitten Sie Ihren Schutzengel um Unterstützung und Begleitung bei Ihrer Meditation.

Machen Sie sich bewusst, dass es in Ihrem Seelenplan liegt, dass Sie Ihrer göttlichen Natur, Ihres göttlichen Ursprungs gewahr werden. Und dass alle Erfahrungen, die Sie in Ihrem Leben machen, sich weiterhin durch Ihr Leben ziehen und zu der höchsten Erkenntnis führen, dass sich alles in Liebe erlöst.

Mögen Sie bei Ihrem Lauschen nach innen Gottes Liebe und Frieden begegnen.

Mögen Sie in diesem Zustand aus jeglicher Resonanz herausgehen. Mögen Sie in die Vergebung und in das Loslassen der emotionalen Anhaftungen, in die wahrhaftige innere Freiheit hineinfinden.

In der inneren Ruhe sind Sie zu Hause, in Gott. Gott ist Stille, in welcher es keine ungeklärten Fragen mehr gibt. Hier liegt die Kunst darin, das Licht Gottes in seiner Klarheit zu erkennen.

Nehmen Sie diesen Zustand mit in Ihr Tagesbewusstsein, und vollziehen Sie Ihren Weg in erhöhter
Achtsamkeit.

Atmen Sie dreimal tief durch, und spüren Sie die
Wärme in Ihrer Brust. Schenken Sie sich ein Lächeln,
und sprechen Sie dreimal innerlich zu sich selbst:»Ich
bin Liebe, ich bin Licht, Gottes Kraft erfüllt mich.«

Freuen Sie sich über Ihr Leben, freuen Sie sich auf
Ihre lichtvolle Zukunft, und kommen Sie langsam
zurück in den Alltag. Spüren Sie den göttlichen Frieden
in sich.

LEBENSTHEMA 9: Die bewusste Gestaltung des individuellen Seelenplans stärken

9. Entwicklungsschritt: Bewusste Gestaltung des eigenen Lebens

Im letzten Entwicklungsschritt lernen wir die Ziel- und Orien-
tierungsfindung, das Begreifen des Lebenssinns.

Übung 9: Bewusste Gestaltung des eigenen Lebens

Setzen Sie sich bequem hin, und schließen Sie Ihre
Augen.

Entspannen Sie Ihren Körper.

Atmen Sie tief ein und aus, spüren Sie die Liebe in Ihrem Herzen, und lächeln Sie sich und die Welt an. Bitten Sie Ihren Schutzengel um Unterstützung und Begleitung bei Ihrer Meditation.

Machen Sie sich bewusst, dass es im Leben um die bewusste Gestaltung des eigenen Lebensweges geht, in welchem der eigene Seelenplan seinen Ausdruck findet.

Zu sein, was wir sind, und zu tun, wozu wir fähig sind, und dies in reiner Liebe, ist das Ziel des Lebens. Mögen Sie sich in diesem Sinne in Ihrem Leben orientieren und Ihre wahre Berufung und Ihre wahren Ziele begreifen und umsetzen.

Erlauben Sie sich, von Dingen zu träumen, nach denen Ihr Herz sich sehnt. Sie haben nichts zu verlieren, wenn Sie die geistige Hilfe mit einbeziehen, sondern können nur an Freiheit, Weisheit und Erfahrung gewinnen.

Haben Sie den Mut, etwas zu wagen. Im Alter werden Sie nicht das bereuen, was Sie getan haben, sondern das, was Sie nicht getan, nicht gesagt oder gewagt haben, als Sie dazu noch in der Lage waren.

Achten Sie auf Ihre geistige Anbindung, folgen Sie Ihrem Herzen, denn es kennt den Weg zu Gott.

Atmen Sie dreimal tief durch, und spüren Sie die Wärme in Ihrer Brust. Schenken Sie sich ein Lächeln, und sprechen Sie dreimal innerlich zu sich selbst: »Ich liebe mich.«

Freuen Sie sich über Ihr Leben, freuen Sie sich auf Ihre Zukunft, und kommen Sie langsam zurück in den Alltag. Spüren Sie die himmlische Führung in sich.

Es ist sicherlich lohnenswert, den Entwicklungsprozess über diese neun Schritte immer wieder zu vollziehen und sich an den eigenen Seelenplan zu erinnern. Vor allem an den Weggabelungen im Leben, in den Phasen, in denen wir Entscheidungen treffen müssen, ist es sinnvoll, sich mithilfe der neun Schritte mit dem Seelenplan zu verbinden und um himmlische Unterstützung zu bitten. Denn dann leben wir immer mehr die eigene individuelle Persönlichkeit aus und werden in unserer Lebensaufgabe immer erfolgreicher. Durch die bewusste Beschäftigung mit den neun Entwicklungsschritten verwirklichen wir immer mehr unseren persönlichen Weg und lassen uns weniger oft und weniger stark in eine fremde Rolle drängen.

Dann können wir unser berufliches und privates Leben zum Positiven hin verändern. Wir lassen dabei das los, was wir nicht mehr brauchen, weil es nicht mehr das unsere ist, und wir können plötzlich feststellen, dass unsere Mitmenschen viel besser mit uns zurechtkommen, weil wir selbst mit uns besser zurechtkommen.

Dies erfordert allerdings viel innere Ruhe, Liebe und Urvertrauen. Jeglicher Kontakt zum eigenen Herzen und zum Seelenplan basiert auf den drei folgenden »Herzensregeln«: bewusstem, tiefem Atem; klarem Geist und liebevollem Herzensempfinden.

Üben Sie die innere Ruhe und Aufmerksamkeit, indem Sie sich mehrmals täglich für einige Minuten hinsetzen, Ihren Atem tief in den Unterbauch lenken und im Herzen Liebe spüren. Die Gedanken kommen immer mehr zur Ruhe, während Sie Ihren angenehm ruhigen Atem beobachten.

Wenn Sie ganz friedvoll und frei von Erwartungen geworden sind, können Sie eine klare Frage an Ihr Herz und die lichtvolle geistige Welt stellen. Lassen Sie dann die Botschaft aus Ihrem Inneren heraus emporsteigen, spüren Sie dieses in Ihrem Herzen, und lassen Sie die Formulierung entstehen.

Wiederholen Sie dann die Botschaft innerlich. Wenn Sie dabei weiterhin ungehindert tief atmen und in Ihrem Herzen lächeln können, ist dies als Zeichen zu deuten, dass Sie die Botschaft Ihres Herzens wahrhaftig, ohne jegliche Wunschvorstellung des Egos, empfangen haben.

Widerstände gegenüber dem Seelenplan

Widerstände in Form von Ablenkungen. Stillstand oder ein verirrter Lebensweg können uns krank machen. Haben wir unseren Seelenplan verlassen, macht sich das meist zuerst nur dadurch bemerkbar, dass wir leichte Unstimmigkeit empfinden, die wir gern überspielen. Wir haben viele Möglichkeiten, uns abzulenken und die Zeit totzuschlagen, zum Beispiel mit Fernsehen, Computer, Spielen, Essen, Arbeit. Das funktioniert eine Zeit lang gut, doch irgendwann entsteht daraus eine innere Leere, Unruhe und Frust. Es ist wichtig, sich im modernen Leben nicht zu verlieren, sondern Strukturen zu schaffen, welche einem ermöglichen, sich selbst und seinen Lebensverlauf, die Intuition und die himmlische Führung wahrzunehmen und vom harmonischen Herzen her, selbst- und nicht fremdbestimmt leben zu können. Wenn wir keine Bewusstheit und keine Struktur im Leben schaffen, dann reagieren wir je nach Temperament mit Aggression oder Resignation, wir werden psychisch und/oder körperlich krank. Denn wenn wir unsere Seele oder einen Teil unserer Seele blockieren, wenn wir bewusst oder unbewusst die innere Stimme in uns ignorieren, dann blockieren wir letztendlich unsere eigene Energie.

Beginnen wir damit, innezuhalten. Uns unter einen Baum oder ans Wasser zu setzen, um über die Natur das Wunder der Schöpfung wahrzunehmen und uns bewusst zu werden, dass wir dazugehören. Uns in diesem Moment mit allem verbunden wahrzunehmen und uns auszumalen, was wir uns wünschen, von unserer Freiheit zu träumen, ungeachtet dessen, wie verrückt das zunächst anmutet. Wie unwahrscheinlich erscheint es uns doch oft, unser Hamsterrad jemals verlassen zu können. Doch je intensiver wir uns ein Leben in Freiheit ausmalen, je detailreicher wir unsere Herzenswünsche visualisieren, desto größer wird die Chance, dass wir unsere Träume auch verwirklichen, unseren Weg gehen, unserem Seelenplan wieder näherkommen.

Widerstände in Form von Zweifeln. Beim Anstreben der Herzensziele und dem Verfolgen des Seelenplans treten oft Hindernisse in den Weg. Dies können eigene Zweifel sein oder die Zweifel anderer. Oftmals kann es vorkommen, dass, um an die Quelle der individuellen Wahrheit und somit in den Seelenplan zu kommen, wir gegen den Strom der Gesellschaft schwimmen müssen. Wenn die meisten Menschen materiegläubig sind, hat es der Erkennende schwer, sich durchzu-setzen. Hier sind Liebe, Urvertrauen und unerschütterlicher Glaube an die Hilfe der geistigen Welt die Wegweiser. Man sollte aber auch Verständnis und Liebe für die anders denkenden Mitmenschen empfinden und nicht versuchen, sie mit der eigenen Sicht vom Sein zu missionieren.

Irritation durch »karmische Partner«: Die Seele folgt zwar einem bestimmten »Plan«, doch es gibt im Leben kein starres, festgeschriebenes Schicksal und auch keine feste Vorherbestimmung, zum Beispiel ist nicht festgelegt, dass man einem bestimmten Menschen begegnet. Solche Ereignisse sind dynamisch, veränderbar und unterliegen unserem eigenen Willen, denn wir schreiben den Verlauf unseres zukünftigen Schicksals mit jedem Gedanken, mit jeder Emotion, mit jeder Tat neu. Dennoch gibt es zwischen Seelen Absprachen, sogenannte Seelenverträge. Das bedeutet, dass man vor der Inkarnation eine »Verabredung« mit einer anderen Seele getroffen hat. Alles dient letztendlich unserem besten und größten Wohl. Auch wenn solche Begegnungen manchmal mit Leid und Anstrengungen verbunden sind, können sie trotzdem einen tiefen Sinn haben, damit wir ein gewisses Maß an Leid überhaupt erleben und uns schließlich aus ihm befreien können. Es steht uns frei, jederzeit eine neue Entscheidung zu treffen und uns auch gegen »karmische« Partner zu entscheiden, wenn die Beziehung nur Disharmonie und gar viel Leid verursacht und die Entwicklung stagniert. Eine Trennung sollte dann immer in Liebe und Achtung geschehen, um keine neuen Verstrickungen zu provozieren. Lösen wir also liebevoll die Beziehung auf, segnen den anderen und wünschen ihm in unserem Herzen ein wunderbares und lichtvolles Leben. Dies erbitten wir für uns auch. So kann jede Seele lichtvoll und harmonisch ihr weiteres Erdenleben zelebrieren. Der tiefere Sinn des Seelenplans hat mit Karmapartnern eigentlich recht wenig zu tun, sie sind einfach nur Hilfen, Spiegel und Herausforderungen, um uns unsere Aufgaben aufzuzeigen.

Widerstand in Form des Egos. Seelenpläne und die vorgenommenen Aufgaben im irdischen Leben sind von Seele zu Seele verschieden. Doch das Endziel ist für alle letztendlich das gleiche. Es geht darum, Stück für Stück das eigene Ego (das falsche Selbst) zu entlarven, es zu kontrollieren und sich immer mehr seinem eigentlichen höheren Selbst (dem wahren Selbst) zu nähern. Hilfreich ist es, sich vermehrt mit dem Ego und dem höheren Selbst auseinanderzusetzen. Klassische Auflösungsthemen sind: Vergebung (sich selbst und anderen vergeben), Schuldgefühle und Schuldzuweisungen, Abhängigkeiten, Macht, Kontrolle, Manipulation, Verleugnung von Eigenverantwortung, Verurteilungen/Abwertungen, Sturheit. Um uns unsere Schwächen oder Schatten vor Augen zu führen, zieht unsere Seele entsprechende Erfahrungen in unser Leben. Das Ganze passiert nicht, um uns zu ärgern oder leiden zu lassen, sondern damit wir lernen, erkennen und uns entwickeln. Wenn wir begriffen haben, dass es immer unsere eigene Entscheidung ist, wie wir die Dinge bewerten, und dass es immer eine Wahl gibt zwischen Leid und Liebe, kommen wir uns selbst, unserem Glück und der Eigenliebe ein großes Stück näher. Urteile kommen grundsätzlich aus dem Ego heraus, das höhere Selbst nimmt wertfrei an.

Leiden als Lektion. Diejenigen, die sich bewusst mit ihrem Leiden auseinandersetzen, können darin in vielem eine wertvolle »Lektion« erkennen. Ihr Leben verwandelt sich danach oftmals auf gar wundersame Art und Weise. Sie wurden zwar etwas unliebsam wachgerüttelt, konnten dann aber plötzlich all das tun, was sie schon immer wollten. Sie machen schöne Reisen, geben den ungeliebten Beruf auf, trennen sich von Menschen, die ihnen nicht guttun, und leben ihre Träume. Doch wir brauchen nicht zu warten, bis uns das Leben unsanft in eine andere Richtung stößt. Es ist viel sinnvoller, Umwandlungsprozesse mit liebevoller Bewusstheit sanft einzuleiten, die Dinge selbst zurechtzurücken, bevor sie uns zurechtrücken.

Es ist absolut möglich, auch ohne Schmerz das zu bekommen, wonach wir uns sehnen, und es ist legitim, ein Leben in Freiheit und Freude leben zu wollen und es auch zu tun. Es ist richtig, Auszeiten von unserem eingefahrenen und lähmenden Alltagstrott zu nehmen, und es ist sinnvoll, die Seele baumeln zu lassen, um neuen lichtvollen Gedanken Einzug zu gewähren. Es ist auch wünschenswert, sich mutig in neue Abenteuer zu stürzen. Konzentrieren Sie sich stets auf Ihr inneres Wachstum anstatt auf Angst, Wut oder Selbstmitleid. Es erfordert allerdings oftmals viel Mut und Ausdauer, um aus der Unzufriedenheit herauszutreten. Meistern Sie Tag für Tag, Stunde für Stunde, Sekunde für Sekunde achtsam, tapfer und mit wachsender Freude und Begeisterung Ihr Leben.

Bedeutung von Lektionen. Einschneidende Lebensereignisse zwingen uns dazu, Achtsamkeit in das Leben zu bringen. Alles geschieht aus einem tiefen und sinnvollen Grund, jede schwerwiegende Situation birgt eine wichtige Lektion fürs Leben. Wenn sie uns findet, dann brauchen wir sie in den meisten Fällen auch, um daran zu wachsen. Wenn wir im tiefen Gottvertrauen und in Liebe sind, können wir im Nachhinein verstehen, was die Lektion bedeutete: nämlich die wahre Liebe in uns noch stärker zu entdecken und zu leben. Ein lichtvoll erlöstes Lebensereignis kann dann wie ein reinigendes Gewitter sein und kann unser Innenleben beschleunigen, indem es eine Situation aufbricht, in der wir ansonsten gefangen bleiben und uns nicht mehr vorwärtsbewegen würden. Aus der inneren Erkenntnis heraus können wir dann beginnen, den wirklich wichtigen Dingen im Leben Vorrang zu geben.

Entwicklung von Güte. Eine weitere entscheidende Lebenslektion ist die, dass man seine Angst loslassen kann und seine wahren Bedürfnisse nicht mehr ignoriert. Man wird weicher, geduldiger und offener und entdeckt aus dem Herzen heraus, dass man ein liebenswerter Mensch ist und wird sein eigener bester Freund. Man empfindet es als wunderbar, mit anderen Menschen verbunden zu sein. Vollbringen wir, was uns glücklich macht, verbringen wir viel Zeit mit Menschen, die wir lieben, und wirken wir lichtvoll auf der Welt.

Die Lebensaufgabe ist: Wir sollen gute Menschen sein. Ein jeder verfügt über ein unermessliches Potenzial an Mitgefühl und Wärme, an Mut und Offenheit. Diese Qualität in uns, essenzielle Liebe genannt, ist von Natur aus zeitlos und unvergänglich. Sie in uns zu wecken und zu bewahren, dem ist das irdische Leben gewidmet, aus welchem sich der Seelenplan entfaltet. Wir alle haben viel Zeit mit Wut und Verbitterung verschwendet, weil wir aus früheren Erziehungsmustern heraus uns immer vernachlässigt und ungerecht behandelt fühlten. Wenn Sie ein licht- und liebevolles Leben wollen, dann seien Sie ein licht- und liebevoller Mensch. Es ist ganz einfach, wenn Sie verstehen, wie wichtig es ist, selbst liebevoll zu sein und nicht ständig andere zu beurteilen oder zu verurteilen. Verhalten Sie sich einfach verständnisvoll und liebevoll, und die anderen werden es auch tun. Seien wir alle ein verlässlicher Freund und ein liebevoller Partner. Wenn wir in Liebe sind und mit Ehrfurcht vor der Schönheit und der Weisheit des Lebens erfüllt sind, werden wir die Einheit mit allem spüren.

Widerstand durch Abkommen vom Weg. Bis hier- her habe ich von Widerständen gesprochen, die uns von der Anbindung an das Göttliche abhalten. Es gibt aber auch einen inneren

Widerstand, den wir bemerken, wenn wir zu weit vom vorgenommenen Weg abgekommen sind und somit unsere innere Mitte verlieren. Damit schwindet dann unsere Lebensfreude. Dies ist sozusagen der gesunde Widerstand.

Wenn wir bereit sind, uns so, wie wir sind, zu akzeptieren und zu lieben, und wenn wir auch das »Jetzt« so akzeptieren, wie es ist, und mit ihm verschmelzen, können wir frei und authentisch sein. Wenn man das Wirken des Geistes in allem Lebendigen erkennt, wird auch die Freude in allem aufkommen, und wir können die drückenden Belastungen und Begrenzungen, die aus psychischen Verletzungen in der Vergangenheit entstanden, loslassen. Jetzt kann man sich leichtherzig, frei und voller Freude fühlen. Man kann im Herzen erkennen, dass alles, was man braucht, immer zur Verfügung steht und dass stets für uns gesorgt ist. Wir können nun wahre glücklich machende Bedürfnisse unterscheiden von Wünschen, die aus der Angst und Furcht und dem Wunsch nach Anerkennung entspringen. Unsere Lebensaufgabe besteht nun einmal nicht darin, ein Leben ohne Schwierigkeiten zu führen, sondern uns zu begeistern für all die Möglichkeiten, die wir durch unseren freien Willen haben.

Tieferer Sinn des Leids. Es kann keiner am Leid wachsen, wenn er nicht in der Lage ist, die Geschehnisse aus einer höheren Perspektive zu betrachten. Erst wenn wir erkennen können, dass schwierige Zeiten dazu führen, dass wir innehalten und aus dem sonst automatisch dahinfließenden Lebensstrom aufwachen und dass diese Zeiten uns veranlassen, unser Leben zu überdenken und zu hinterfragen, dann können wir verstehen, dass Leiden im Leben keine Strafe, sondern eine Lektion darstellt. Dahinter steht ein System der Entwicklung, das uns hilft, unser Bewusstsein zu erweitern, und es möglich macht, dass wir unsere Erfahrungen im Leben neu überdenken, verstehen und einordnen. Wenn man sich aufgrund von Unwissen gegen Veränderung sträubt, dann wird sich nicht viel um uns herum ändern.

Leid kann also auch etwas Vertiefendes haben, und es ist durchaus möglich, dass sich Menschen für ihre Entwicklung Leiderfahrungen in diesem Erdenleben vornehmen. Menschen, welche in ihrem Leben nur auf Spaß aus sind und Angst vor Risiko und Schmerzerfahrungen haben, bleiben auf der Oberfläche verhaftet, ohne vertiefende Lebenserfahrung und ohne größere Entwicklung.

Man kann oft beobachten, dass Menschen, die eine Leiderfahrung überwunden haben, dadurch empathiefähiger und tiefer fühlend geworden sind.

Angesichts des Seelenplans sollte man Probleme wie Hausaufgaben aus der Schulzeit betrachten: Sie mögen lästig sein, bringen einen aber weiter. Probleme kommen immer ungelegen, denn sie hindern uns scheinbar daran, in Leichtigkeit unser vermeintliches Ziel zu erreichen. Deshalb nehmen wir sie gewöhnlich zum Anlass, uns darüber zu ärgern oder gar mit dem Schicksal zu hadern. Ärger und Verunsicherungen kann man zwar verstehen, sie bringen uns aber letztendlich nicht weiter. Sinnvoller dagegen ist es, wenn man diese negativen Gefühle in Zukunft als Hinweis betrachtet, dass man seinen Blickpunkt verändern muss. Es gilt, sich zu fragen: Was ist meine Aufgabe? Was soll ich daraus lernen?

Von Rilke stammt folgendes Zitat: »Man muss nie verzweifeln, wenn einem etwas verloren geht, ein Mensch oder eine Freude oder ein Glück; es kommt alles noch herrlicher wieder. Was abfallen muss, fällt ab. Was zu uns gehört, bleibt bei uns, denn es geht alles nach Gesetzen vor sich, die größer als unsere Einsicht sind und mit denen wir nur scheinbar im Widerspruch stehen.«
Trifft uns ein Todesfall, stellen wir uns häufig die Frage, warum gerade dieser Mensch sterben musste. Hier kann es hilfreich sein, die Frage umzudrehen und stattdessen zu fragen: Warum war er hier? Warum hat er gelebt? Diese Betrachtungsweise ändert nun einiges, auf diese Frage gibt es eine Menge Antworten. Der Tod ist nicht das Ende des Lebens, es ist ein Teil davon.

Wir alle sind Schöpfer. Unsere Gedanken erschaffen äußere Umstände oder ziehen sie an. Jeder Mensch, dem wir begegnen, kann ein Lehrer für uns sein, auch oder gerade diejenigen, die uns ärgern und uns Kraft kosten. Wir werden so lange mit bestimmten, sich im Kern wiederholenden Lernaufgaben und Lektionen konfrontiert, bis wir Verantwortung für unser Tun und Handeln übernehmen und die Opferrolle aufgeben. Das ganze Leben ist ein offenes Energiesystem, die äußeren Umstände werden beeinflusst von unserem Denken, Fühlen und Handeln. Verändern wir uns, so verändert sich auch die Situation. Unsere eigene Transformation beeinflusst unsere Lebensumstände positiv.

Seien Sie großherzig und offen für alle Möglichkeiten, die das Leben bietet. Machen Sie sich immer wieder bewusst, dass es wesentlich mehr gibt als nur die materielle Welt. Seien Sie sich sicher, dass es einen tieferen Sinn in der menschlichen Existenz gibt, und diesen Sinn werden Sie für sich entdecken. Möge Ihr wissbegieriges Herz, als Ihr großer Erkunder des Lebens und der Spiritualität, stets dafür brennen, Ihren Platz im großen Plan des Seins zu finden und ihn einzunehmen. Erkennen und fühlen Sie, dass Ihre Existenz etwas Besonderes ist, dass es ein Schicksal gibt und dass Sie eine vorbestimmte Aufgabe haben. Stärken Sie Ihr Urvertrauen und Ihr Selbstbewusstsein, erkennen Sie das Wunder der Schöpfung und Ihre Einzigartigkeit. Für Ihre spirituelle Erkenntnis und Ihren spirituellen Weg bedarf es keiner Mittelsleute oder Rituale, damit Sie die geistige Erleuchtung erfahren können. Ein Weg, auf dem wir Liebe, Humanität und Toleranz erfahren, ist wichtiger als ein gestecktes Ziel. Es geht darum, zu verstehen, dass man ein Teil des Göttlichen ist und dass nichts und niemand einen jemals davon trennen kann.

3 Sinn des Seins und Lebensplan

Lebenssinn und Lebensaufgaben

Lebenssinn All-Liebe. Der Lebenssinn ist der von Inkarnation zu Inkarnation fortschreitende Weg zur Liebe mit dem endgültigen Ziel der reinen All-Liebe, dem gottähnlichen Zustand. Der Schutzengel ist immer mit dem Seelenplan und somit auch mit dem Lebenssinn verbunden und stärkt die Kraft der Gegenwart und sendet dem Menschen über Intuition und Inspiration fortlaufend Impulse, damit er lichtvoll den Weg zum Ziel finden kann. In unserer Kultur orientieren sich die Menschen häufig an gesellschaftlichen Vorgaben. Sie sind auf der Suche nach Reichtum, nach Anerkennung, Sicherheit und auch nach Liebe im Außen. Dagegen ist prinzipiell nichts einzuwenden, man sollte aber erkennen, dass alles in uns selbst vorhanden ist und dort kultiviert werden soll. Der Lebenssinn ist also in uns selbst zu finden, weil die Seele sich über unsere Gefühle ausdrücken will; er hat mit unserer liebevollen Seelenbefindlichkeit und den zu entwickelnden Tugenden zu tun.

Es ist wichtig, immer wieder in Achtsamkeit dem Herzensruf und dem inneren Bedürfnis zu folgen. Man sollte sich immer wieder fragen: Wofür bin ich auf der Erde inkarniert, und wie gezielt bewege ich mich in meiner Entwicklung zur All-Liebe hin?

Wir sollten in Achtsamkeit und zunehmender Bewusstheit unser Leben dazu nutzen, die im Seelenplan vorgenommenen Entwicklungsschritte in dieser Inkarnation so weit wie möglich zu vollbringen, um dann im Jenseits in einer lichtvolleren Schwingung gezielter und freier den Aufstieg zu schaffen und uns in einem höheren Bewusstsein in die nächste Inkarnation zu begeben. Alles, was wir hier liebevoll meistern, wird uns in künftigen Inkarnationen zugutekommen. Denn dies hat einen positiven Einfluss auf die Resonanz in der Zukunft und auf unsere eigene Selbsterkenntnis im Diesseits wie auch im Jenseits.

Wenn der Mensch seine innere Entwicklung als wichtigsten Sinn des Lebens und vordergründige Aufgabe versteht, dann sollten die Aktivitäten und Aufgaben im Außen eine wunderbare und erfüllende Ergänzung sein. Die Verknüpfung der inneren und äußeren sinnhaften Lebensaufgaben führt zu einem erfüllten Leben.

Lebenssinn, Lebensaufgaben, Lebensweg. Was ist nun der Unterschied zwischen Lebenssinn, Lebensaufgaben und Lebensweg? Der Lebenssinn ist das Wichtigste und Ausschlaggebende in einer Inkarnation, nämlich die Entwicklung in die überpersönliche All-Liebe, damit man Gott und seiner Schöpfung, vor allem aber sich selbst, näherkommt. Der Lebenssinn wird also nicht vordergründig im Außen, in der Materie zu finden sein, sondern im inneren Befinden. Damit besteht der tiefere Sinn des Lebens nicht darin, die Karriereleiter hochzuklettern, sondern darin, Verständnis und Liebe in allem zu erfahren.

Die Lebensaufgaben bestehen im Entwickeln von inneren Werten, von Charaktereigenschaften und Fähigkeiten wie Erkenntnis, Verständnis, Vergebung, Vertrauen, Mut und Loslassen und stellen die energetische »Brücke« zum Lebenssinn der All-Liebe dar.

Jede Seele hat sich im Seelenplan bestimmte Lebensaufgaben mit unterschiedlicher Gewichtung vor ihrer Inkarnation auf dieser Erde vorgenommen. Die eine möchte vielleicht mehr die Kraft der Vergebung stärken, die andere vielleicht mehr die Entwicklung von Urvertrauen usw. Alle inneren Eigenschaften sind miteinander verknüpft, und durch die Schwerpunkte der vorgenommenen Lebensaufgaben gestaltet sich schicksalhaft der individuelle Lebensweg. Dieser ist für jeden Menschen einmalig und entspricht der Umsetzung der Lebensaufgaben auf der Erde und beinhaltet die Entscheidungen, die wir bezüglich Beruf, Familie, Gesundheit etc. treffen. Diese wiederum entstehen aus der inneren Resonanz und dienen der Lebenserfahrung, der inneren Entfaltung und Selbstwahrnehmung. Unser Lebensweg verläuft nicht geradlinig, es gibt Umwege, Steigungen, steinige Abschnitte, aber auch lichtvolle Höhen. Wir sollen nie verzagen, denn durch die Erfahrungen wächst der Glaube an das Mögliche.

Viele Geschehnisse sind für die Entfaltung der inneren Lebensaufgaben vor der Inkarnation im Seelenplan angelegt und somit im individuellen Schicksal bereits vorbestimmt worden, und viele Ereignisse entwickeln sich aus der momentanen Resonanz heraus. Wir müssen aber auch akzeptieren, dass besonders in unserer schnelllebigen und hochtechnisierten Welt einige Erfahrungen dem – aus einem globalen Schicksal heraus entstehenden – Zufall zugeordnet werden müssen. Diese unerwarteten Geschehnisse, die zum Teil sehr massiv in unser individuelles Schicksal eingreifen können, sind somit nicht vorgenommen.

Je näher wir uns am Seelenplan befinden, desto stärker wird sich Glückseligkeit einstellen können. Begegnen wir allem in Liebe, und Liebe wird zu uns zurückstrahlen. Gottes Liebe ist allgegenwärtig, Gott liebt uns alle, lieben auch wir aus Gottes Kraft. Wenn Sie bereit sind, von ganzem Herzen so zu lieben, dann werden Sie das Leben und seinen Sinn begreifen.

In Achtsamkeit und Liebe stehen Sie in Kontakt mit der geistigen Welt und können die Weisheit und Liebe des Himmels auf Erden erleben. Meditation, Gebete sowie positives, liebevolles Denken machen einen klaren Geist und eröffnen uns den Kontakt zu unserer geistigen Führung und unserem Seelenplan. Es ist wichtig, den Blick stets nach vorne zu richten, die eigenen Ziele klar zu formulieren und niemals an deren Erfüllung und Gottes Hilfe zu zweifeln.

Die innere Einstellung wirkt wie ein Magnet, und so können wir aus der geistigen Welt auch die nötige Unterstützung erhalten.

Wir besitzen ein riesiges Potenzial an schöpferischen Fähigkeiten. Der Himmel Gottes ist unsere wirkliche Heimat, also betrachten wir auch das Leben als lichtvoll, erfüllt und himmlisch. In göttlicher Anbindung können wir uns selbst und unseren Mitmenschen aufrichtig und in Liebe begegnen. Dann wird wahre und befreiende Selbsterkenntnis möglich. Und wenn wir alles zusammenhängend, synchron und sinnerfüllend betrachten können, sind wir in der Lage, alles zu verstehen, und können unsere Fesseln sprengen. So ist Vergebung möglich, und es kann ein wachsendes Vertrauen in alles Sein erwachen sowie der Mut, das Leben mit neuem, liebevollem Gedankengut und guten Verhaltensweisen anzugehen. Im veränderten Handeln kann erst das Loslassen des Vergangenen stattfinden und die Liebe und das Vertrauen sich verstärken. Die Kraft der Vergebung ist der Weg zur göttlichen und resonanzlosen All-Liebe. Diese Liebe führt zur Erfüllung des Seelenplans, in welchem es darum geht, Verständnis und Liebe in Form von Resonanz-losigkeit zu erreichen. So spiegeln auch die letzten Worte Jesu Christi (Lk 23,34) diese Kraft wider: »Vater, vergib ihnen, denn sie wissen nicht, was sie tun.«

In dieser Aussage beweist der Gedemütigte die größte Gnade der Vergebung und Demut und wandelt die Wut und Sünde in göttlichen, inneren Frieden um.

Bewusstseinskräfte

Das Bewusstsein ist alles Geistig-Seelische, das erdgebundene Erleben wie auch die spirituellen Erfahrungen. All das, was wir im wachen Zustand in der Gegenwart bewusst erleben. Unser Bewusstsein wird vorwiegend durch unsere Sinneserfahrungen gebildet und beeinflusst sowie durch die emotionalen »Raster«, durch die wir unsere Erlebnisse bewerten und einordnen.

Das Unterbewusstsein ist eine Instanz, die uns durch notwendige Ängste vor gefährlichen Ereignissen schützt und uns somit am Leben erhält. Allerdings ist es auch Sitz der belastenden Ängste, die uns das Leben erschweren. Es wird durch zwei wichtige Einflüsse nach und nach gebildet und verfestigt sich dann oft.

Einer der Einflüsse sind alle Sinneseindrücke, die wir vom Beginn des Lebens an aufnehmen. Mit diesen äußeren Sinneseindrücken stellen sich mehr und mehr Bewertungen ein. Vor Angriffen, Verlust oder Fehlschlägen haben wir Angst. Die liebevolle Umarmung der Mutter, liebevolle Menschen oder auch schöne Musik entspannen uns dagegen und geben uns Vertrauen. Mit der Zeit bestimmen wiederholte Sinneseindrücke, die ähnlich oder gleich bewertet werden, die Muster, die sich im Unterbewusstsein festsetzen und uns von nun an mit einer gewissen Eigendynamik bestimmen. Wir können sie zwar ändern, das erfordert aber ein bewusstes verändertes Denken, Bewerten und Handeln.

Ein weiterer Einfluss können Prägungen von Eltern und Ahnen, genetisch und feinstofflich, sowie Prägungen karmischer Natur aus früheren Leben sein.

Das Unterbewusstsein wirkt letztlich wie ein Steuerungsorgan für unseren Alltag, das Dinge anzieht, die wünschenswert und vielversprechend sind, und andere abstößt, die gefährlich erscheinen.

Das Überbewusstsein ist eine Form, ein Zustand oder ein Schwingungsfeld des Bewusstseins, das ganz offen für fein-stoffliche, rein geistige Erscheinungen ist, die jenseits von Raum und Zeit sind. Es ist mit den höheren Dimensionen des Göttlichen verbunden. Es hat auch ständigen Kontakt zur Akasha-Chronik, dieser göttlichen Dimension, in der alles Wissen vorhanden ist und von jedem abgerufen werden kann. Auch unser Seelenplan ist dort hinterlegt, da er nach seiner Festlegung von unserem Geist, der dauerhaft mit der Akasha-Chronik verbunden ist, dort abgespeichert wurde.

Einklang der Bewusstseinszustände. Das Unterbewusstsein mit den innewohnenden Ängsten und der Bedürftigkeit, unser Bewusstsein, also unsere Achtsamkeit, und unser Überbewusst-sein, also unsere Gottverbundenheit und unser innerer Ruf, müssen im Einklang sein, andernfalls wird sich keine innere Zufriedenheit einstellen können. Denn was immer wir auch tun – wenn einer dieser Teile nicht im Lot ist, werden wir ein Defizit erleben. Wir können nicht gewinnen, solange die eine oder die andere Seite ein Verlierer ist. Deshalb sollte jeder Mensch sich in seinen Gedanken, Gefühlen und Handlungen stets als eine Ganzheit betrachten und alle Handlungen mit Gottvertrauen angehen. Denn ist der wache Menschenver-stand mit dem liebevollen Herzen verbunden, dann stimmen auch die getroffenen Entscheidungen mit dem Seelenplan überein. Mit dem Herzen zu entscheiden heißt, dass Überbe-wusstsein, Bewusstsein und Unterbewusstsein synchron sind, der Mensch also seinem Seelenplan folgt. Je zufriedener und glücklicher der Mensch ist, desto näher befindet er sich an seinem Seelenplan und in der bewussten Gottverbundenheit.

Je mehr wir in Harmonie mit uns selbst, also mit dem Unter- und Überbewusstsein, sind, desto zufriedener sind wir mit uns und unserem Leben. Je mehr diese Teile in uns aber im Widerspruch stehen, desto unzufriedener werden wir und jagen einem Wunsch nach dem anderen nach. Wir müssen hier erkennen, dass wir die Liebe und Anerkennung, nach der wir uns sehnen, von niemandem nehmen können, sondern sie ausschließlich uns selbst durch eine bewusste göttliche Verbundenheit und Nähe selbst geben können. Die geistige Welt liebt uns, also müssen wir es auch selbst tun. Dann darf alles Irdische, alles uns Umgebende uns mit seiner Anwesenheit erfreuen, ohne dass wir uns in unserem Selbstwertgefühl davon abhängig machen.

Unzufriedenheit, Traurigkeit, Depression oder Burn-out sind nicht im Seelenplan vorgenommen, sondern sind Anzeichen dafür, dass man von seinem Seelenplan abgekommen ist. Meist wurde hier vom Unterbewussten ein konträres Selbstbild erschaffen, welches nicht dem göttlichen Ursprung entspricht und in Achtsamkeit hinterfragt werden sollte.

Wir sind lichtvolle Schöpfer!

Göttliche Einheit. Die Welt ist beseelt, denn ohne geistige Beseelung könnte die sichtbare Materie nicht bestehen. Nicht die vergängliche Materie ist die Realität, sondern der unsterbliche, nicht sichtbare Geist in allem. Der Geist wiederum könnte allein nicht existieren, sondern muss einem Wesen angehören, und dieses Geistwesen kann auch nicht aus sich selbst existieren, sondern braucht wiederum einen Schöpfer, nämlich Gott. So ist es letztendlich der Geist Gottes, der alles durchdringt. Die göttliche Einheit ist ewig, allwissend, allgegenwärtig und allmächtig. Diese können wir ausschließlich im Gegenwartsbewusstsein erfahren. Denn in seiner absoluten Transzendenz bleibt das Wesen Gottes dem Menschen verborgen. In der Schöpfung aber spiegeln sich die göttlichen Eigenschaften wider und können vom Menschen erkannt werden. Gott offenbart sich über den inneren Frieden im Herzen. Gleichwohl bleibt das vollständige Wesen Gottes dem Menschen verborgen, denn Gottes Kraft als Schöpfer allen Seins ist viel, viel größer als jegliche menschliche Vorstellung. Alles geht aus Gott und durch Gott hervor, allerdings unter der Wahrung des freien Willens. Die Schöpfung ist ein fortschreitender Gnadenakt Gottes, der durch die göttliche Liebe motiviert ist und sich mit der fortschreitenden Offenbarung Gottes zeigt.

Wir können Lichtträger sein. Mit unserer eigenen licht- und liebevollen Kraft haben wir nicht nur Einfluss auf unser individuelles Schicksal, sondern haben auch Einfluss auf unser Umfeld und sogar auf das Weltengeschehen. Es ist längst erwiesen, dass alle Materie letztendlich verdichtete Energie ist, und so ist es auch bei uns Menschen. Dies bedeutet, dass ständig Teilchen in unseren Verband eintreten und ebenso andere uns wieder verlassen. Die austretenden Teilchen sind über den ganzen Kosmos verteilt und tragen unsere individuelle Information in sich. Sie bleiben immer mit uns verbunden und tragen stets unser vorherrschendes Gedankengut um die Welt. So ist erklärbar, dass jeder Einzelne von uns ein Mitschöpfer des globalen Geschehens ist.

Niemand muss oder kann die Welt »retten«, aber wir sollten mit uns selbst achtsam, licht- und liebevoll umgehen. Jeder, der in seinem Herzen, seinen Gedanken und seinen Gefühlen Licht und Liebe trägt, trägt dies auch über die ganze Welt! Die geistige Welt arbeitet stets an der lichtvollen Entwicklung, aber der Mensch muss für die Aufnahme, Verstärkung und Verteilung bereit sein. Je mehr Menschen zu Lichtträgern werden, desto licht- und liebevoller wird die Entwicklung auf unserem geliebten Planeten verlaufen. Es geht darum, spirituelles Bewusstsein von ganzem Herzen vorzuleben und Harmonie und Freude auszustrahlen, dann kann es auch in den Herzen anderer Einzug halten. Gehen Sie in Achtsamkeit mit Ihren Werten um, die Sie leben: Vertrauen oder Misstrauen; Liebe oder Angst; Gebet und Stille oder Hektik und Ablenkung; Segnung oder Ablehnung. In der heutigen Zeit geht es darum, im Vertrauen stark zu sein, mutig und weise zu sein und jeden Tag in Achtsamkeit und lichtvoller Hoffnung zu leben. Fest überzeugt von einer lichtvollen Zukunft, sind wir kraft- und lichtvoll und in der Lage, uns mit der geistigen Welt zu verbinden und unserem Seelenplan von ganzem Herzen zu folgen.

Doch sollen Erdverbundenheit und Bodenständigkeit mindestens ebenfalls so stark vorhanden sein wie das spirituelle Bewusstsein. Wir sollen bedenken, dass niemand dauerhaft in geistiger Achtsamkeit verbringen kann, weil dadurch viel Alltagstauglichkeit, Freude und Spontanität verloren ginge. Halten wir also eine gute Balance zwischen dem Sein im Alltag und der Zuwendung zu unserem Inneren.

Wenn wir neuen Erkenntnissen gegenüber neugierig und offen sind, dann bewahren wir uns die Fähigkeit, den Blick auf das Leben zu erweitern. Dies entspricht der Kraft des Urvertrauens und der höchsten Kreativität unserer emotionalen Intelligenz. Versuchen Sie vermehrt, jede Sichtweise zu begreifen und nicht zu hadern. Je mehr Sie vom Herzen her denken, umso mehr werden sich Ihnen wunderbare Möglichkeiten offenbaren, und Sie wirken als Schöpfer einer liebevollen Realität. Denn dieses erwachende Bewusstsein ermöglicht Transformation und Freiheit.

Transformation. Transformation bedeutet, die belastenden Gefühle und Gedanken in Erkenntnis, Verständnis, Vergebung und Vertrauen umzuwandeln. Dieser Entwicklungsprozess macht die innere Freiheit bewusst und erlebbar. Erkennen Sie die Fülle der Möglichkeiten in Ihrem Leben. Spüren Sie, was Sie wirklich wollen, gestalten Sie Ihren Lebensweg nach Ihrem Willen, und nutzen Sie Ihre Möglichkeiten. Lassen Sie sich mit

Freude auf das Abenteuer Leben ein. Dafür ist eine offene und bereitwillige Lebenshaltung voller Gott- und Selbstvertrauen dienlich. Innere Flexibilität lässt einen begreifen, dass das Leben nicht langweilig und planbar ist und auch nicht linear verläuft, sondern ein Abenteuer voller Überraschungen ist und Gottes Kraft die höchste Intelligenz und Kreativität. Es wird sich alles stets zum Licht- und Sinnvollen hin entwickeln, wenn Sie es so sehen und zulassen können.

Stehen Sie dem Leben und seinen Veränderungen interessiert und offen gegenüber. Gottes Schöpfung ist vielfältig, kreativ und groß, und immer fügt sich eins zum anderen. Dabei geht es immer um Achtsamkeit und die Kraft der Gegenwart. Je mehr wir uns unserer Glückseligkeit und Liebesfähigkeit bewusst sind, umso lichtvoller und aktiver wird unser Leben sein. Es gibt fröhliche wie auch weniger schöne Zeiten. Seien wir jeden Tag neugierig auf das Wunder der Wandlung. Werden Sie sich der unzähligen Geschenke des Lebens bewusst, die Ihnen durch freundliche und freundschaftliche Gesten anderer und durch die Wunder des Lebens zuteilwerden. Erkennen Sie, was Ihnen schon alles Wunderbares widerfahren ist, und spüren Sie Liebe und Dankbarkeit in Ihrem Herzen, denn die Liebe erweitert das Bewusstsein. Wenn der Mensch in Harmonie und Liebe lebt, kann er das wirklich Wesentliche im Leben erkennen. Mit dem Blick der Liebe versteht er die Schöpfung und Zusammenhänge im Weltengeschehen und wirkt selbst in seiner Kraft und Reinheit als Mitschöpfer.

Alles ist vollkommen. Unsere Entwicklung und unsere Aufgaben liegen darin, sich den Lebensthemen zu stellen und dabei zu erkennen, dass alles vollkommen ist. Je mehr wir die licht- und liebevolle Essenz des Lebens in den Herausforderungen erkennen können, umso mehr können wir uns unserer eigenen Vollkommenheit und unseres Schöpferpotenzials bewusst werden. Wenn Sie an einen Wunsch oder an einen Menschen von ganzem Herzen glauben, so hüllen Sie ihn durch Ihre Liebe in gute Energie ein. Dies gibt allem eine große, lichtvolle Kraft und verstärkt das Energiefeld, in welchem dann die himmlischen Kräfte besonders intensiv wirken können.

Gehen Sie also voller Liebe die Dinge an, und seien Sie sich Ihrer Schöpferkraft bewusst. Ihr Weg ist lichtvoll, jedoch können nur Sie ihn gehen. Lernen Sie Ihre Kraft, Ihren Mut und Ihr Schöpferpotenzial durch die Herausforderungen kennen. Jeder Mensch hat die Fähigkeit und die Aufgabe, sich zu liebevollen Lösungen und zu lichtvollen Kräften hin zu entwickeln. Mit geistiger Führung und tiefem Glauben können Sie Ihre Schöpferkraft richtig einsetzen und zu Erfolg gelangen. Entscheiden Sie sich immer für das Liebevolle in Ihnen und Sie werden das Richtige tun, und das Richtige ist immer das, was die Seele mit Frieden erfüllt.

Das Leben bewegt sich immer in Richtung des erwachenden Bewusstseins zur göttlichen Einheit hin. Es ist wichtig zu begreifen, dass das gesamte Geschehen im irdischen Leben eine Abfolge fortlaufender Veränderungen ist, dann können wir die Dinge geschehen lassen und wollen nicht alles kontrollieren oder festhalten. Es wird immer wichtiger werden, sich auf die immer schneller einsetzenden Veränderungen einzustellen und vor allem einzulassen, um mit der zunehmenden Feinstofflichkeit Schritt halten zu können. Der Mensch war zu allen Zeiten Mitschöpfer seines eigenen Schicksals, und er wird es immer mehr sein. Durch zunehmende geistige Bewusstseins- und Seelenkräfte sind wir heute so intensiv wie nie zuvor in der Lage, unseren Schicksalsweg mitzubestimmen. Je mehr Ereignisse auf uns einwirken, umso mehr muss innere Stille und Vertrauen wachsen, dann kann sich der Mensch im Fluss eines erfüllten Lebens befinden.

Achtsamkeit üben. Es sollte für jeden Menschen selbstverständlich sein, täglich Achtsamkeit zu üben, um die Kraft der Gegenwart, des Augenblicks zu erkennen und das Sosein zu akzeptieren. Denn dahinter verbirgt sich viel Licht, Lebendigkeit und Freude am Sein. Denn jeder Gedanke ist mitverantwortlich für das künftige Schicksal. Wenn wir dann erkennen können, wie sehr die unbewusst vorhandenen, falschen Gedanken- und Verhaltensmuster uns schwächen und wie sehr sie gesundheitshemmend wirken, und wenn wir in der Lage sind, sie aufzugeben, kann eine lichtvolle Wandlung zu Glück und Erfolg geschehen. Dann lassen wir uns immer weniger von Unwissenheit und Ängsten bestimmen. Sind wir in der Lage, uns unseres Schöpfungspotenzials und grenzenlosen Bewusstseins gewahr zu sein, dann können wir die Welt in ihrer Resonanz und Dualität und die Verknüpfung mit dem eigenen Schicksal immer besser verstehen. Es geht im Leben darum, alles in Liebe anzugehen und zu begreifen, die Verantwortung für all unser

Tun, Denken und Fühlen zu übernehmen und zu erkennen, dass Bedürfnisse niemals im Außen zu befriedigen sind, sondern ausschließlich im Inneren. Die Reinheit der Gedanken lässt uns alles verstehen. Wenn wir uns so des höheren Sinns unseres Seins und unserer Aufgabe bewusst werden, können wir auch erkennen, welch aktive Unterstützung des Himmels uns zur Verfügung steht. Wir können über alle scheinbaren Hindernisse hinauswachsen, und nichts kann uns dann aufhalten. Denn wir sind in Wirklichkeit großartige und mächtige Wesen mit grenzenloser Energie und einem grenzenlosen Schöpfungspotenzial.

Was bedeutet Reife? Die innere Reife hat weniger mit dem kalendarischen Alter als vielmehr mit innerem Wissen und innerer Weisheit zu tun. Reif ist, wer ein waches Bewusstsein hat und die Erkenntnis, für sich selbst sorgen zu können und von niemandem abhängig zu sein. Davon sollte man in liebevoller Hingabe und Ausdauer sein Unterbewusstsein überzeugen, um vermehrt Impulse aus dem Überbewussten, über die göttliche Anbindung zu empfangen und somit seinem Glück und Seelenplan näherzukommen. Glück ist, in der Gegenwart Zufriedenheit zu verspüren in allem, was ist. Dafür ist Frieden mit der Vergangenheit vonnöten. Erfolg bedeutet, dem eigenen Seelenplan folgen zu können. Die wichtigste Erfolgsformel im spirituellen Bewusstsein ist die Berufung, das Erkennen und das Folgen der geistigen Führung und die innere Hingabe. Demut als Kraft des allgegenwärtigen Bewusstseins ist der Leitfaden für Glück und Erfolg.

Stete Weiterentwicklung. Unserem Seelenplan und Lebenssinn zufolge entwickeln wir uns stets weiter. Im erhöhten spirituellen Bewusstsein und stetigem Weiterentwickeln wird die Gelassenheit und Freude in uns immer mehr zunehmen. Glücklich sind die, welche die Leichtigkeit in allem erkennen, denn ihnen gehört das unbeschwerte und doch sinnerfüllte Leben. Durch das zunehmende Bewusstsein offenbart sich die Weisheit und die Unendlichkeit des Seins und ermöglicht immer mehr Antworten für das Leben. Wenn man in stetiger göttlicher Präsenz ist, weiten sich die menschlichen Bewusstseinsgrenzen. Das Wissen und die Weisheit offenbaren sich einem in einer bisher nicht gekannten Form und Aussage. Durch inneren Weitblick erlangt man höhere Antworten und bringt auf diese Weise mehr Bewusstsein und Licht auf die Erdenebene. Freuen wir uns darauf und begreifen wir, dass jede Situation im Leben uns als Lehrmeister dienen kann, und suchen wir somit hinter allem einen lichtvollen Sinn. Nehmen wir also unsere Prüfungen an und erlösen sie lichtvoll, denn wenn wir zum Beispiel ein Päckchen nicht annehmen, beschert das Schicksal uns bald zwei und danach mehr. Dies bedeutet, je mehr sich unerledigte Angelegenheiten ansammeln, umso mühsamer wird das Leben. Je besser man das Wirken des Universums im eigenen Leben versteht, umso näher kommt man Gott und sich selbst.

Das Leben hält für uns immer wieder Chancen bereit. Sollten wir unsere Möglichkeiten verpasst haben, so wird die geistige Welt uns stets aufs Neue vorbereiten. Deshalb können wir nicht wirklich etwas falsch machen. Es lohnt sich, dem Herzen zu folgen, wir sind immer beschützt und werden geliebt. In der

Liebe findet alles seine neue Gestaltung und neuen Glanz. Wenn wir voller Dankbarkeit durchs Leben gehen, dann fällt es leicht, mit Liebe und Sinnhaftigkeit erfüllt zu sein. Spirituelle Werte und reine Absichten zu leben bedeutet, Schöpfer des eigenen Weges zu sein, aktiv und lichtvoll die eigene Realität zu erschaffen, denn dann ist alles, und zwar wirklich alles möglich. Dann herrscht der Geist über der Materie.

4 Schicksal und Seelenplan

Schicksalsformen

Das Schicksal hat viele Gesichter. Das äußert sich in Redewendungen wie »Das Schicksal hat es gut gemeint«, »Das Schicksal hat uns zusammengeführt«, »Dies war eine schicksalhafte Begegnung«, aber auch: »Das Schicksal hat ihn hart getroffen« oder »Sie trägt ein schweres Schicksal«.

Das Schicksal liegt in unseren Händen. In der Umgangssprache wird Schicksal häufig mit Schwere und Leid in Verbindung gebracht. Doch ob wir an leidvollen Schicksalsschlägen zerbrechen oder ob wir es schaffen, lichtvoll wie »Phönix aus der Asche« zu steigen und somit das Schicksal zu überwinden, liegt an uns selbst. Hier sind neben Loslassen und Vergebung vor allem das Glauben an Gottes Führung, Vertrauen, Hoffnung und Mut die wichtigsten Tugenden, um das Herz wieder für die Liebe zu öffnen, damit das eigene Leben nach einem Aufarbeitungsprozess dann wieder lichtvoll weitergehen kann.

Menschen sind oftmals in einer Leiderfahrung und in Opfer- und Schuldbewusstsein gefangen. Mutige Menschen verzagen nicht, sondern stärken ihren Glauben, öffnen sich der Liebe und der geistigen Hilfe und schauen nach vorne, erkennen, dass es weitergehen wird. Sie stellen sich dem Schicksal, sie fragen sich, was ihr Schicksal ist, ob es Vorsehung gibt oder eine Bestimmung. Solange wir auf Erden leben, werden uns unsere Fragen im Leben voranbringen. Schon deshalb sollten wir achtsam sein mit unseren Gedanken, Emotionen und Handlungen und uns verstärkt auf unser Bauchgefühl verlassen.

Schicksalsglaube in der neuen Zeit. In unserem Zeitalter ist immer mehr der Feingeist erwacht. Die Menschen kommen zu neuem Bewusstsein und werden immer selbstbestimmter. Viele erkennen ihre geistige Freiheit und ihre Verantwortung darin. Aus diesem Selbstbewusstsein heraus wird das dominierende Karma- und Sündenbewusstsein immer mehr abgeschwächt und Bewusstseinserweiterung mit einem neuen Denken möglich. Der Mensch erkennt, dass das Weltengeschehen nicht nur aus einer Perspektive betrachtet werden kann, sondern unendlich viele Facetten hat. Dass es nicht nur Opfer oder Täter, gute oder schlechte Menschen, Enge oder Freiheit, Leid und Trauer oder Freude, Streit oder Frieden, Chaos oder Harmonie, Angst oder Liebe gibt, sondern dass alle Formen nebeneinander existieren. Dass in der mehrdimensionalen, lichtvollen Lebensbetrachtung eine unermessliche Kraft zur Entfaltung liegt und in jedem eine Kraft vorhanden ist, mit allem frei und verantwortungsvoll umzugehen.

Spontane Ereignisse als Zufall. Bei der Bewertung des Schicksals müssen wir umsichtig sein. Es gibt ja nicht nur Einzelschicksale (Krankheit, Verlust usw.), sondern auch Gruppenschicksale (Kriege, Seuchen usw.), die spontan entstehen können. Die Menschheit hat ein gemeinsames, kreatives Feld, welches ein neues Schicksal bestimmen kann. Wir sollten nicht immer davon ausgehen, dass Menschen, die von einem schweren Unglück betroffen sind, zwangsläufig ein vorbestimmtes Schicksal erleben. Das Unglück kann auch einem spontan entstandenen globalen (durchaus auch von Menschenhand gemachten) Ereignis entspringen. Wir sollten also solche Schicksale aus einer übergeordneten Perspektive verstehen und nicht einem Schuld-, Karma- oder Sündengedanken zuordnen. Seelen, welche in schwierigen Verhältnissen inkarnieren und sich den Bedingungen stellen, sind mutige Seelen.

Wenn wir in Selbstbewusstsein, achtsamer Verantwortung und liebevoller Erkenntnis unseren Weg gehen, so können wir alles Belastende ins Licht stellen und mithilfe der geistigen Welt allem, so wie es auch die Engel tun, nachträglich einen lichtvollen Sinn geben. Wir können erkennen, dass alles gut ist, so wie es ist, und dass wir im göttlichen Frieden weiterhin unseren Seelenplan umsetzen können. Der Mensch war schon immer ein Mitschöpfer seines eigenen Schicksals, und er wird es immer mehr sein.

Da die Welt immer feingeistiger wird, können diese Bewusstseinsprozesse verstärkt vonstattengehen. Je schneller der Einzelne bereit sein wird, sich auf diesen durchaus sehr abenteuerlichen Prozess einzulassen, desto schneller wird er in der sich verändernden feinstofflicheren Welt ankommen, sich darin wohlfühlen und seinen Seelenfrieden finden. Jetzt kann er sich die Hilfe der geistigen Welt und das Wissen des gesamten Kosmos über die Herzensebene zunutze machen und beides in sein Alltagsgeschehen einfließen lassen.

Stellt der Mensch sich seiner Angst, aus der seine Probleme entstehen, kann er sich konsequent zu einem Leben in Liebe entwickeln. Der Sinn des irdischen Lebens ist kein Zustand ohne Probleme, sondern ein Weg der Lösungen. Es geht darum, sich in allem wahrzunehmen und sich stets weiterzuentwickeln.

Der freie Wille. Hier kommt es vor allem auf den Umgang mit dem freien Willen an. Wir können zwar nicht immer beeinflussen, was auf uns zukommt, denn das ist auch mit dem Schicksalsweg anderer Beteiligter verbunden. Jedoch obliegt es immer unserer freien Entscheidung, wie wir damit umgehen: aus der inneren Reife der Liebe oder aus der Angst heraus.

Es ist sehr wichtig, angesichts schwerer Lebensphasen nicht zu verzagen, sondern sich auf die eigene Kraft, auf den eigenen Mut und auf das Gottvertrauen zu besinnen und den Geschehnissen eine lichtvolle Bedeutung zu geben. Ob das Urvertrauen in solchen Zeiten zerbricht oder nicht, hängt letztlich wieder von der individuellen Betrachtungsweise ab und somit wieder von unserem freien Willen. Wir brauchen Gott und das Bewusstsein seiner Gegenwart, um zu wissen, dass in allem ein Sinn zu finden ist. Dann werden wir auch begreifen, dass das Leben hier auf Erden nicht alles ist, dass es nach dem Tod weitergeht und dass wir unser Leben nicht in den engen Grenzen des materiellen Daseins betrachten sollten. Wir sind im Leben, im Sterben und danach im Jenseits stets in Gottes Schöpfung geborgen. Deshalb brauchen wir uns vor nichts und niemandem zu fürchten.

Über das spirituelle Bewusstsein hat jeder Mensch die Möglichkeit, eine geistige Wahrnehmungsfähigkeit zu entwickeln, mit der er seine Entwicklungsschritte im Leben bewusst licht- und liebevoll gestalten kann. Auf diese Weise kann er sich zu einer individuellen Persönlichkeit entwickeln, welche mit Interesse und Begeisterung das Leben meistern kann. Dann kann seine Seele ihr volles Potenzial entfalten.

Wir wachsen durch die Erfahrungen. Dabei ist es nicht maßgeblich, ob wir diese Erfahrungen vorausgeplant haben oder nicht. Deshalb sollten wir uns in einer schwierigen Lebenssituation auch nicht fragen, ob wir diese schon vor der Geburt geplant haben, sondern lieber, warum dieses Problem entstanden ist und welche Botschaft ihm innewohnt.

Wir haben sicher nicht alle eintretenden Schwierigkeiten vorausgeplant. Als inkarnierte Seelen sind wir geistige Wesen, die auf dieser Erde ihre Erfahrungen sammeln. Wir können durch unseren freien Willen gewisse Entscheidungen treffen und haben so auch die Möglichkeit, Probleme zu erschaffen, die nicht Teil unseres vorgeburtlichen Lebensplans sind. Es existiert für uns kein vorgefertigter Plan, doch unsere Entscheidungen führen uns immer wieder in eine vorbestimmte Richtung. Denn innerhalb einer vollkommenen Vorherbestimmung könnte es keinen freien Willen geben, und somit könnten weder Bewusstsein noch Selbstbewusstsein existieren. Wir benötigen einen großen Spielraum innerhalb vielfältiger Erfahrungen, denn diese materiellen Prozesse sind »Träger« von geistigen Bewusstseinsprozessen, welche die Entwicklung voranbringen.

Wem wir im Leben begegnen. Die Seele im Jenseits erlebt sich in ihrem Bewusstsein als Einheit mit der Liebe Gottes. Sie ist sich dessen bewusst, was sie noch von dieser bedingungslosen Liebe trennt und bei welchen Emotionen eine Resonanz und damit verbundene Aufgabe noch besteht. Dies führt im Jenseits zu Entscheidungen aus der vorhandenen Empfindung heraus. Daraus entstehen die entsprechenden Anziehungskräfte, woraus sich der Seelenplan für die neue Inkarnation formt. Dies sind blockierte Seelenanteile, welche nach göttlicher, resonanzfreier Einheit streben und sich entsprechende Aufgaben, Begegnungen, Erfahrungen, Fähigkeiten usw. im eigenen Seelenplan vornehmen.

Durch unsere Resonanz haben wir also im Seelenplan, auch gemeinsam mit anderen Seelen, festgelegt, wer uns in welcher Form bei der jeweiligen Lernaufgabe unterstützt, um damit in unserer Bewusstseinsentwicklung voranzukommen und unseren Seelenplan der Liebe zu erfüllen. Dies wird oft als Seelenvereinbarungen bezeichnet. Diese Menschen werden uns im Leben zur richtigen Zeit und am richtigen Ort begegnen, damit wir etwas gemeinsam ermöglichen können. Dies geschieht aus einer höheren Fügung heraus, und wenn wir achtsam sind, werden uns diese Fügungen wie Wunder vorkommen, welche unseren Weg prägen und uns in die vorbestimmte Richtung zur Liebe hinführen.

Höherer Plan im scheinbar Negativen. Auch entscheidende Wendepunkte in unserem Leben erscheinen manchmal als seltsame Fügungen; im Guten wie im Schlechten. In so manchen Schicksalsbegegnungen kann sich ein höherer Plan unserer Seele widerspiegeln. Unser Seelenplan verläuft überbewusst synchron, also in Form von sinnvollen Zufällen, das heißt ohne offensichtliche Ursache und Wirkung. Diese stellen dann wichtige Übergangsphasen in unserem Leben dar, oft einhergehend mit einem Schlüsselerlebnis zu einem emotional bedeutsamen Zeitpunkt. In diesem spiegelt der Seelenplan die Übereinstimmung zwischen äußerem Ereignis und innerem Zustand wider. Dies offenbart, dass wir ein Teil des Ganzen sind, und gibt allem einen Sinn.

Seien Sie offen für die Bedeutung dessen, was Ihnen ungewollt widerfahren ist. Denn die Phasen unseres Lebens haben alle einen Zusammenhang und sind in ein größeres Ganzes eingebettet. Unser Leben ist ein Kreislauf von Geburt, Tod und Wiedergeburt und bedarf somit stetiger Wandlung. Unser heutiges Handeln beeinflusst unsere Bewusstseinsentwicklung und somit die Resonanz auf alles Kommende, was wir anziehen, und auf das Werdende in zukünftigen Inkarnationen.

Der Seelenplan enthält alles, was die Seele zu heilen hat, um sich der All-Liebe zu nähern und gottähnlich, das heißt resonanzfrei, zu sein. Manchmal können dazu Krankheiten oder andere beeinträchtigende Dinge gar hilfreich sein, wenn sie den Menschen dazu bringen, über sich hinauszuwachsen und die Liebe zu verinnerlichen. In manchen Lebenssituationen geht es also um die Selbstüberwindung, um die Überwindung der eigenen Angst, des einseitigen Gedankenguts und der falschen Erwartungen, um diese loslassen zu können und etwas Größeres, Lichtvolles und Göttliches zu erkennen.

Jedes Leben ist lebenswürdig und birgt eine große Bewusstseinsentwicklung in sich. Wir sind für das Vorgenommene innerlich vorbereitet und haben auch die nötige Kraft, nicht an Erschwernissen zu verzweifeln, sondern an ihnen zu wachsen, denn sonst hätten diese Erfahrungen keinen Sinn. Wir müssen uns immer an die Botschaft der Engel erinnern: »Dir kann nichts begegnen, welchem du nicht gewachsen bist.«

Bei allem Vorherbestimmten wie auch bei spontan Angezogenem oder Entstandenem sollten wir uns an der Liebe in uns orientieren, denn sie ist die heilende und kraftgebende Energie. Die Liebe heilt, denn sie ist eine hohe Schwingung, welche Blockaden und Irrtümer auflöst. Möge die Liebe bei allem unsere Wahrheit sein und heilsam unsere Gedanken, Gefühle, unseren Körper und unsere Handlungen durchlichten. Das Heilsame zeigt stets den richtigen Weg in allem und offenbart den persönlichen und glückseligen Seelenplan und die sinnerfüllte Vorbestimmung.

Es ist wichtig, sich gerade bei schwierigen Lebensereignissen vor Augen zu führen, dass nicht alles vorherbestimmt ist, damit man sich nicht ausgeliefert fühlt. Gerade in unserer Gesellschaft herrscht der Glaube an Strafe und an einen strafenden Gott vor. Das ist eine Opferhaltung, welche im Christentum fest verankert ist: »Wer mein Jünger sein will, der nehme täglich sein Kreuz auf sich, und folge mir nach« (Mt 16, 24). Die

Opferhaltung sollten wir auflösen, wir sollten sie transformieren, indem wir wieder Licht, die liebevolle Kraft der Zuversicht und eines gütigen Glaubens in uns bringen.

Lassen Sie sich in jeder Lebenssituation stets von folgenden Fragen leiten: Was will ich? Was sind meine Wünsche und Bedürfnisse? Was offenbart mir mein innerer Ruf? So erkennen Sie, was Sie sich in allem an lichtvoller Entwicklung wirklich vorgenommen haben, was Sie jetzt an Resonanz zu korrigieren haben und was nicht zu Ihrem Weg gehört. Aus einer liebevollen und lebensbejahenden Lebenshaltung heraus offenbart sich uns unser Seelenplan.

Achtsamkeit für himmlische Zeichen. In allen Lebenslagen ist die himmlische Führung und Unterstützung da, doch sie ist für uns nicht immer erkennbar und wird deshalb nicht beachtet. Durch mangelnde Achtsamkeit und ablenkende Gedanken sind wir dafür nicht immer aufmerksam. Wir sollten unsere Freiheit und Eigenverantwortung erkennen, uns mit zunehmender Lebenserfahrung immer mehr unseres Einflusses auf unser Schicksal bewusst werden und vermehrt auf himmlische Zeichen auf unserem Lebensweg achten.

Die geistige Welt kommuniziert mit uns über die emotionale Ebene, durch Inspiration, Gefühle, Ideen und Intuition. Wenn wir ein untrügliches »Bauchgefühl« haben oder irgendetwas »einfach wissen«, dann können dies durchaus Botschaften von den Engeln oder von unserem höheren Selbst sein. Alle himmlischen Botschaften möchten uns in das göttliche Bewusstsein der All-Liebe führen. Es ist eine absolute Gedankenstille notwendig, damit uns die geistigen Einfälle erreichen können. Um diesen Zustand zu erreichen, sind Meditationsübungen und Versunkenheit in ein Gebet hervorragende Methoden. In unserem Leben ist eine bewusste Kraft der inneren Stille wieder gefragt, welche uns als Kontemplation oder ein liebevoller mystischer Weg wieder die Nähe zu Gott ermöglicht und unser grenzenloses Bewusstsein zur Verfügung stellt und erweitert. Eine kontemplative Haltung ist von Ruhe und sanfter Aufmerksamkeit bestimmt. In dieser Haltung wird sich Frieden von innen nach außen ausweiten und Gottes Licht bewirken.

Auch zeigt sich die himmlische Führung in unseren Träumen, Ideen, Begeisterungen, Visionen, wiederholt auftretenden Begebenheiten, in zwischenmenschlichen Begegnungen, Déjà-vu-Erlebnissen. Himmlische Zeichen sind wie liebevolle Grüße aus der geistigen Welt, hautnah, plötzlich kommend wie aus dem Nichts, liebende, tragende Kraft, ein Empfinden, dass wir behütet und geführt werden und nicht allein sind. Der Seelenplan ist von der Geburt bis zum Tod von himmlischen Zeichen begleitet. Diese sind von äußeren Faktoren unabhängig. Die himmlische Verbundenheit ist allzeit da; wir sollten unsere Zeit hier auf Erden nutzen und stets in dieser Verbindung leben. Wir sollten Vertrauen in die Vollkommenheit des Lebens haben und in liebevoller Achtsamkeit zu jeder Zeit im Einklang mit dem Göttlichen, das heißt in Frieden und in Liebe, sein.

Entwicklungsschritte im Schicksal

Der Lebensweg gestaltet sich durch die im Seelenplan vorgenommenen Lebensaufgaben, die auf der Erde innerhalb der Materie umgesetzt werden. Damit sind die Entscheidungen gemeint, die wir im Laufe unseres Lebens treffen. Diese entstehen aus der inneren Resonanz und dienen der Lebenserfahrung, der inneren Entfaltung und Selbstwahrnehmung. Hat die Seele sich zum Beispiel im vorherigen Leben die Fähigkeit der Vergebung vorgenommen, konnte jedoch diese Lebensaufgabe nicht erfüllen, dann ist sie dem Lebenssinn der All-Liebe nicht wesentlich näher gekommen. Aus diesem Grund würde es auch keinen Sinn ergeben, sich eine neue Lebensaufgabe für diese neue Inkarnation vorzunehmen. In der neuen Inkarnation wird diese Seele dann an der vorherigen Aufgabe, mit dem gleichen Schutzengel an ihrer Seite, also an der Kultivierung ihrer Vergebensfähigkeit weiterarbeiten. Es kann jetzt aber durchaus sein, dass das Schicksal dieses Menschen in diesem Leben, also im Anschluss an eine unerfüllte Inkarnation, etwas dramatischer verlaufen wird oder vielleicht sogar muss, damit er diese Aufgaben nicht mehr übersehen oder vor ihnen weglaufen kann, sondern unmissverständlich darauf gestoßen wird und sie angehen muss.

Übernehmen Sie Verantwortung. Doch bedenken Sie in allen Lebenssituationen immer wieder, Sie sind Schöpfer Ihres Bewusstseins, und Sie erschaffen Ihre eigene Welt. Denn das, was Sie heute denken, werden Sie morgen anziehen. Lenken Sie Ihre Gedanken achtsam in die richtigen, liebevollen Bahnen, denn sie erschaffen Ihre Realität. Entscheiden Sie, ob Sie ein bewusster oder unbewusster Schöpfer Ihres Schicksals sein möchten. Wir leben vorwiegend nur zu einem sehr geringen Teil unseres Lebens bewusst. Zu etwa 95 Prozent wird dagegen unser Leben von Überzeugungen aus dem Unterbewusstsein gesteuert, und diese unterbewussten Programme stammen meist von anderen Menschen.

Wir müssen selbst die Verantwortung für unser Leben übernehmen und uns nicht vorgegebenen Meinungen und Dogmen unterwerfen. Der Mensch muss lernen, mit seiner Verantwortung und Freiheit umzugehen. Denn wenn er sich nicht entscheidet, ist dies auch eine Entscheidung, dann jedoch wird das Schicksal von außen bestimmt, von anderen Menschen, durch den Lauf der Dinge und durch das Umfeld. Sich selbst zu entscheiden bedeutet immer, aus den eigenen Ängsten und Blockaden herauszuwachsen und sich auf den Weg zur Liebe hinzugeben. Mit welchen Geschehnissen man sich auch konfrontiert sieht, es ist immer wichtig, sich für die lichtvolle geistige Welt zu öffnen, sodass das kosmische Licht in allem frei fließen kann und lichtvolle Lösungen entstehen können. Man kann dann in dieser Energie begreifen, wo man steht, was einen blockiert und was und wohin man wirklich will.

Heute sind wir durchaus in der Lage zu verstehen, dass das Schicksal vordergründig aus der Energie der Gedanken geformt wird. Das Schicksal wurde früher in alten griechischen Tragödien als etwas Unausweichliches, sogar für die Götter, dargestellt. Daraus entstand ein fundamentalistisches Verständnis, welches im Menschen zur passiven Haltung führte. Im frühen

Christusverständnis von Glaube – Liebe – Hoffnung vollzog sich ein Wandel, in dem das Überwinden des Zweifels betont wurde. Doch dann kam, als Machtinstrument der Religion, die Sünde und Aufopferung. Doch das Recht, das Schicksal in die eigene Hand zu nehmen, sollte sich in der heutigen Zeit niemand mehr nehmen lassen, denn wir wissen heute, dass wir an unserem Schicksal nicht unbeteiligt sind. Immanuel Kant schrieb zum Schicksalsgedanken Folgendes:

> *»Der Zielbewusste gestaltet sein Schicksal.*
> *Der Ziellose erleidet sein Schicksal.«*

Wir sehen, die Philosophie gab der menschlichen Freiheit schon immer Raum, wogegen die Naturwissenschaftler behaupten, dass alles Zufall sei. Eine neuzeitliche (irrtümliche) esoterische Haltung ist, man habe sich alles, wirklich alles selbst ausgesucht. Dabei wird die Verantwortung für alles im Menschen verortet, aber gleichsam auf nebulöse Weise wieder aus ihm herausgenommen, als würde der Mensch alles veranlassen, aber keinen Einfluss auf sein Handeln haben.

Wir sollten Sichtweisen, auch unsere Sichtweise, stets hinterfragen, denn die Wahrheit ist nie in nur einer Betrachtung zu finden, sondern in der »goldenen« Mitte vieler Betrachtungen.

Schicksal ist keine Strafe. Mögen wir sogenannte Schicksalsschläge als Hinweise und Aufwachmomente für den eigenen Seelenplan verstehen und nicht als Strafe. Denn unser Ich begegnet uns hauptsächlich in der Spiegelung im anderen, im Außen. So folgen wir dem Rad der Wiedergeburten, um eine bestimmte Abfolge von Epochen mit zu gestalten und dabei etwas zu lernen. Deshalb birgt unser Inneres ein riesiges Potenzial an uraltem Wissen! Wir wissen nun inzwischen, dass wir das, was wir ausstrahlen, in unserem Leben kreieren und anziehen. Mögen wir also an unserer eigenen Heilung mit Freude und großem Interesse arbeiten und Frieden um uns herum erschaffen. Dann werden wir selbst zum Frieden und können die Welt des Friedens erleben.

Denk dranne; Ich Liebe dich Schnitte Deine

Spiegel unserer Absichten. Die Welt spiegelt uns sehr deutlich, wie es um unsere Liebe und unsere Absicht bestellt ist. Und wenn die Welt, in der wir leben, nicht eine Welt voller Frieden, Freude und Gnade ist, dann müssen wir Frieden, Freude und Gnade in uns selbst finden. Ein erwachter Mensch sucht nicht mehr nach dem Sinn des Lebens, sondern bringt Sinn in jede Situation. Er hört auf, nach Wahrheit zu suchen, und bringt stattdessen Wahrheit in die Begegnungen. Er sucht nicht nach dem richtigen Partner, sondern wird selbst zum richtigen Partner, denn dann wird er auch den richtigen Partner im Außen finden. Die Bewusstseinserweiterung hin zur Liebe und Freiheit ist eine sehr aktive Praxis, die auf Heilung ausgerichtet ist. Wir sind hier, um ein Schicksal zu erfüllen, und das Schicksal ist wiederum eine Geschichte, die wir selbst schreiben. Wir müssen unser Schicksal selbst in die Hand nehmen und es nicht durch Handlungen und Unterlassungen, die nicht mit dem höchsten Bewusstsein übereinstimmen, sich selbst gestalten lassen. Wir müssen uns von jeglichem Opfergefühl und jeglicher Bedürftigkeit befreien.

Was bedeutet erlöstes Schicksal? Ein erlöstes Schicksal kann man sich so vorstellen, dass man tief im Inneren, im Gottvertrauen, die Gewissheit trägt, dass wenn eine Tür zugegangen ist, sich neue, bessere Türen auftun werden, sodass sich Teile nach und nach zu einem sinn- und lichtvollen Ganzen zusammenfügen. Dafür wird Offenheit dem Leben gegenüber benötigt und auch die Fähigkeit, dass man Selbstliebe und Anerkennung in sich selbst finden kann. Wir alle sind mit allem, mit Gottes Bewusstsein verbunden. Ein jeder entscheidet mit jedem Augenblick selbst, aus welchem Blickwinkel er die Dinge betrachtet. Wir können, je nach Betrachtung, glücklicher oder unglücklicher sein. Je mehr uns bewusst wird, dass stets für uns gesorgt ist, dass wir stets eingehüllt sind in der Liebe Gottes, dass ein jeder wichtig und wertvoll ist, desto weniger werden wir uns mit unserem Schicksal allein gelassen fühlen. Um ein solches Bewusstsein zu erwecken und in uns zu verankern, betrachte ich die gleichen sieben Entwicklungsschritte, die ich weiter unten im Unterkapitel »Übergang und Aufstieg in die jenseitigen Welten« beschrieben habe, als Basis. Denn auf dem dauerhaften Weg zum Licht und zur Liebe müssen wir uns für das Vorwärtsschreiten auf Erden mit den gleichen Themen auseinandersetzen wie später beim Loslassen oder im Himmel, und diese sind: Erkenntnis, Verständnis, Vergebung, Vertrauen, Mut, Loslassen und Liebe. Diese Resonanz in uns hat einen direkten Einfluss auf unseren Seelenplan. Vertrauen wir darauf, dass uns in jedem Augenblick geholfen wird, und vertrauen wir auch uns selbst, dass wir immer das Richtige und Beste tun. Selbst wenn wir das Gefühl haben, einmal einen falschen Weg eingeschlagen zu haben, so werden wir ihn wieder korrigieren.

Schritt 1: Erkenntnis. Erkennen wir, dass alles in stetiger Wandlung ist und hinter allem ein lichtvoller Sinn steht. Das Leben ist im Werden und Vergehen. Lassen wir uns im Urvertrauen vom Leben führen und tragen. Ohne Vergangenheit gäbe es keine Zukunft. Erkennen wir das Geschehen in der Gegenwart, im Hier und Jetzt, und begreifen wir, dass die Welt immer so ist, wie wir sie sehen. Die Realität oder das, was wir dafür halten, kann verändert werden und damit auch unser Weg im Leben. Gehen wir die Dinge positiv an, so werden wir sie anders erleben, als wenn wir sie pessimistisch angehen würden. Denn das, worauf wir unsere Konzentration fokussieren, werden wir sein. Und wohin wir sie lenken, zu dem werden wir. Unser Leben wird also durch unser Fühlen, Denken, Sprechen und Handeln sowie durch die Qualität unseres Strebens bestimmt.

Schritt 2: Verständnis. Verständnis für die Mitmenschen ermöglicht ein friedvolles Miteinander. Wir sind weise, wenn wir andere aufgrund ihrer Unterschiede zu uns, zum Beispiel aufgrund unterschiedlicher Kultur, nicht beurteilen, sondern sie so respektieren, wie sie sind. Liebevolles Verständnis erlöst die innere Angst, Enge, Hilflosigkeit und Aggression und wirkt sich positiv auf unsere Schicksalsgestaltung aus. Wir haben in Wirklichkeit keine Grenzen, denn alles ist eins. Alle Menschen sind mit dem Ganzen und auch miteinander verbunden. Unser

Tun beeinflusst nicht nur unser Schicksal, sondern es beeinflusst auch unsere Umgebung, und ebenso ist es umgekehrt. Daher kann alles, was wir tun, auf uns zurückfallen. Alles, was wir uns vornehmen, kann geschehen.

Schritt 3: Vergebung. Was tun wir, wenn wir von jemandem verletzt wurden? Können wir vergeben, ober verbleiben wir in dem Gefühl der Enttäuschung und Verärgerung? Der lichtvolle Weg ist der des Vergebens. Und vergeben kann nur der, der liebt. Aus der Vergebung entsteht die Kraft der inneren Veränderung. Begegnen wir allen und allem stets liebevoll und achtsam, und erkennen wir in allem eine Chance. Richten wir unsere Aufmerksamkeit auf etwas, zum Beispiel auf eine bestimmte Person, auf eine Aufgabe oder auf ein Problem, so stärken wir dies mit unserer Energie. Es ist deshalb sinnvoll, sich auf das Positive in allem zu konzentrieren. So nutzen wir die Chance in unserem Leben, durch eine lichtvolle Wandlung weiterzukommen und eine noch stärkere und liebevollere Persönlichkeit zu werden. Denn die Themen, die wir durch unseren freien Willen mit positiven oder negativen Empfindungen stärken, haben einen Einfluss auf unsere Lebensverhältnisse.

Schritt 4: Vertrauen. Wer allem misstraut, der verhärtet sich innerlich und bleibt im Negativen verhaftet. Vertrauen hingegen macht frei und schafft eine Erweiterung des Blickfeldes. Aus der inneren Veränderung heraus können auch neue Wege im Außen gegangen werden. Im Vertrauen ist der Lebenssinn der Entwicklung hin zur All-Liebe spürbar. Ein lichtvolles

Schicksal entsteht aus dem Vertrauen und der Gegenwartspräsenz heraus. Die vergangenen Ereignisse kann man nicht ungeschehen machen, wohl aber das Gefühl, das wir damit verbinden. Wenn wir etwas ändern wollen, dann ist jetzt der richtige Zeitpunkt dafür. Das Schicksal entfaltet sich in der Gegenwart.

Schritt 5: Mut. Nicht jeden Weg, den wir beschreiten, können wir mit Leichtigkeit gehen. Manche Wege erzeugen Angst in uns. Dann brauchen wir Mut. Wenn wir uns zum Beispiel sehr daran gewöhnt haben, alles zu kontrollieren, wird es uns schwerfallen, die Kontrolle abzugeben und uns für die Liebe zu öffnen. Gehen wir diesen Weg aber mit Mut, können wir uns befreien, wir können uns in neue Abenteuer stürzen und alles für möglich halten. Du bist der Schöpfer deines Schicksalsweges. Die Führung über unser Leben liegt nicht bei den Engeln, nicht bei anderen Personen und nicht in anderen Umständen. Die Kraft oder Energie dazu ist in uns vorhanden. Das Herz, als Sitz unseres Gottbewusstseins, muss liebe- und lichtvoll der geistigen Welt und den Mitmenschen zugewandt sein, um lichtvolle Begebenheiten anzuziehen. Ist dieser Teil in uns noch zu wenig entwickelt, so werden durch die Ängste in uns weniger harmonische, sondern mehr chaotische Ereignisse angezogen.

Schritt 6: Loslassen. Loslassen meint, sich von materiellen Dingen wie auch von belastenden Emotionen wie Angst oder Wut zu lösen. Nur wenn wir imstande sind loszulassen, können wir uns weiterentwickeln. Dann können wir Liebe und Vertrauen spüren und erkennen, dass wir ein Teil der göttlichen

Ordnung sind, dass wir von Gott geliebt werden und in Gott geborgen sind. Leben Sie nach Ihrem Lebensplan, und setzen Sie Ihre lichtvollen Bedürfnisse liebevoll um, denn Ihre geistige Haltung dominiert die Materie. Das Geistige ist nämlich der Kern allen Lebens.

Schritt 7: Liebe. Liebe ist die höchste, alles umfassende Tugend. Der Seelenplan eines jeden ist die All-Liebe. Gott ist Liebe, alles ist Liebe, alles geschieht aus Liebe. In dieser hohen Kraft herrscht Harmonie und Frieden, und der Mensch erkennt sich in allem lichtvoll wieder. Es gibt keine Konflikte, sondern absolute Stimmigkeit in Gottes Angesicht. Liebe ermöglicht Frieden mit dem Vergangenen, ist Motivation für die Zukunft und die Lebensfreude in der Gegenwart. Liebe ist das hohe Ziel eines jeden Seelenplans. Dies beginnt zuallererst in uns selbst. Um zur All-Liebe zu gelangen, um uns in Liebe unseren Mitmenschen zu öffnen, bedarf es zunächst eines gesunden Maßes an Selbstliebe.

Dadurch können wir lernen, uns selbst mit allen Facetten zu akzeptieren. Der Mensch soll seine göttlichen Erkenntnisse in das irdische Leben einfließen lassen. Der Friede im Inneren sowie im Außen will im täglichen Leben umgesetzt werden. So erreichen wir den Zustand der Harmonie und der Liebe in uns. In der höchsten Form der Liebe spüren wir, dass für uns allzeit gesorgt wurde und auch weiterhin gesorgt wird und dass wir immer so viel bekamen und weiterhin bekommen werden, wie es für unseren Schicksalsweg nötig und sinnvoll ist. Mögen wir die Bewusstseinskräfte und all die Kraft in uns nutzen, und mögen wir die Chancen, welche uns das Leben in himmlischer Führung zur Verfügung stellt, stets erkennen und zu nutzen wissen. Nach unserem Ableben werden wir im Himmel aufgefordert, diese Schritte zu durchlaufen. Wenn wir sie bereits während unseres irdischen Leben meistern, können wir ein wesentlich erfüllteres Leben führen und werden später auch ein viel leichteres, müheloseres und lichtvolleres Loslassen im Sterben erfahren.

Schicksalsereignisse sind weder Prüfung noch Strafe, sondern ein Weg, um die göttliche Ordnung zu erkennen und die eigene Resonanz in göttliche Liebe umzuwandeln, denn hinter allem steht Gott mit seiner Liebe. Gott liebt uns alle. Lieben auch wir aus Gottes Kraft. Begegnen wir allem in Liebe, und Liebe wird zu uns zurückstrahlen. Liebe ist eine starke Motivation, und es ist deshalb ganz wichtig, vertrauensvoll das eigene Herz zu öffnen und die Liebe immer mehr zu verstärken. Nur mit liebevollem Herzen können wir das Leben und seinen Sinn begreifen. Mit den Augen der Liebe betrachtet, erscheint alles im neuen Glanz, und viele Dinge können eine neue lichtvolle Gestaltung erfahren. Wir sind mit Liebe und Sinnhaftigkeit erfüllt, wenn wir mit Dankbarkeit durchs Leben schreiten. Für unseren lichtvollen Weg, der uns hin zur Liebe führt, benötigen wir Eigenverantwortung, Mut und Vertrauen. Mögen wir stets an unserem lichtvollen Schicksal mitarbeiten, indem wir die alles durchdringende Ruhe, eine gesteigerte Wachheit und Wertschätzung, ein Gefühl der Einheit mit allem sowie ein Gefühl für Richtigkeit und Sinnhaftigkeit in unserer Meditation und Lebensbetrachtung erfahren. Die Erfüllung unseres lichtvollen

Seelenplans entsteht über unser waches Bewusstsein durch die Rückverbindung von Geist und Körper.

Den Verstand zur Ruhe bringen. Wir sollten täglich in unserem Inneren zu Ruhe und zum göttlichen Frieden finden. Wenn der Verstand voll ist, befinden wir uns außerhalb der Gegenwart und sind uns der Liebe Gottes und unseres lichtvollen Seelenplans nicht bewusst. Hier und jetzt gibt es nicht viel zu denken, nichts zu befürchten und nicht viel, worüber man sich beklagen kann. Wenn wir den Verstand vollstopfen mit Gedanken darüber, was früher war und in Zukunft sein könnte, dann wird uns alles schnell zu viel. So können wir nicht im Frieden leben, sondern fühlen uns getrieben. Denn es wird jedem von uns zu viel, wenn die Vergangenheit und auch die Zukunft in die Gegenwart gepackt werden und alles auf einmal abläuft. Nicht umsonst erleben wir nicht alles gleichzeitig. Denn wir sind auf Erden nicht in der Lage, alles, was ist, in einem Augenblick zu bewältigen.

Wir können jetzt erkennen, wie wichtig es ist, dass es in der Materie, also im Raum, auch die Zeit gibt. Sie dient dazu, dass die Geschehnisse hintereinander ablaufen und sie uns nicht überfordern. Auch die Erfahrungen kommen nacheinander, und wir können uns mit ihnen auseinandersetzen, sie sortieren und schließlich unser Leben meistern. Wir sollen also stets achtsam denken, fühlen und handeln und uns nicht in einem chaotischen Gedankenwirrwarr überfordern. Denn nur bei ruhigem Verstand erkennen wir unser Licht, den Sinn unseres Seins, die Liebe in uns und die göttliche Wahrheit.

Bedürfnisse und Wünsche. Wir sollten auch auf unsere Bedürfnisse und unsere Wünsche achten. Unsere lichtvollen Bedürfnisse sollen wir befriedigen. Auf unsere Wünsche müssen wir auch nicht verzichten, aber wir sollen erkennen, dass sie niemals befriedigt werden können, denn ein jeder Wunsch zieht einen anderen nach sich, und die Grundlage aller Wünsche ist meist ein nicht befriedigtes Bedürfnis nach Liebe in der Vergangenheit. So kann es passieren, dass, wenn wir immer mehr hinter Wünschen herjagen, unsere Wachheit, Achtsamkeit und Selbstliebe darunter leiden und unsere Selbstbestimmung eingeschränkt wird.

Über das göttliche Bewusstsein kann der Mensch die Fähigkeit zur geistigen Wahrnehmung entwickeln, mit der er seine Entwicklungsschritte im Leben gestalten kann. So kann er sich zu einer individuellen Persönlichkeit entwickeln, die mit Interesse und Begeisterung das Leben meistern, persönliche Antworten und Lösungen finden und ihr volles Potenzial entfalten kann.

Der Mensch, welcher sich seines Schöpfungspotenzials und grenzenlosen Bewusstseins gewahr ist, kann die Welt in seiner Resonanz und Dualität und die Verknüpfung mit dem eigenen Schicksal verstehen. Es geht im Leben darum, alles in Liebe anzugehen.

Zur inneren Balance und zum sozialen Umgang gehören auch Fähigkeiten wie Konsequenz und Flexibilität, liebevolles und verständnisvolles Handeln, Kritikfähigkeit und Frustrationstoleranz, um mit Liebe und Verständnis den eigenen Weg im lichtvollen Sinne entfalten zu können. Für sich und die eigenen Belange in Liebe und Klarheit einzustehen und dabei die Meinung anderer zu verstehen und zu akzeptieren gehört ebenso zu einem bewussten, erfolgreichen und glücklichen Seelenweg.

5 Gott und seine Engel

Gott ist das Absolute und ist in allem und überall. Gott befindet sich in der himmlischen Hierarchie ganz oben. Er ist ein unendliches, alles durchdringendes und dabei zutiefst gütiges reines Licht. Dieses Licht strahlt Schöpferkraft, also Stärke und Selbstverständlichkeit, aus. Gott vermittelt einen friedvollen inneren Zustand, in dem alles in Ordnung ist, so, wie es ist.

In seinem grenzenlosen Licht nimmt er keine begrenzten Formen oder Wörter ein. Mit dieser großen, allumfassenden, lichtvollen Energie kann man sich somit nicht verbal austauschen, sondern man kann sich nur in diesem göttlichen Zustand befinden. Gottes Gegenwart ist im inneren Zustand des Friedens erfahrbar, weil dieses Gefühl alle Liebesarten des jeweiligen Menschen in sich vereint und ihn der All-Liebe und somit Gottes Energie nochmals ein Stück näherbringt. In der Liebe und in innerer Balance offenbart sich Gottes Weisheit.

Viele Menschen fürchten sich vor innerer Stille, weil sie Angst haben, sich selbst zu begegnen. Hier geht es um Courage, sich selbst so anzusehen und sich genauso zu lieben, wie man wirklich ist. Es geht dabei um die Selbstannahme und Selbstliebe; der spirituelle Weg führt immer nach innen. Gehen Sie in den inneren Frieden, öffnen Sie Ihr liebevolles Herz, und begegnen Sie sich im Lichte Gottes. Rufen Sie sich in Erinnerung, dass Sie aus dem göttlichen Licht kommen und in das Göttliche hineingehen werden. Dabei ist die Besinnung auf die geistige Anbindung und das Urvertrauen wichtig, damit Gottes Wille in Harmonie mit dem eigenen Willen steht. Nicht Worte sind wichtig, nicht intellektuelles Verstehen ist wichtig, sondern das tiefe Empfinden einer umfassenden Liebe.

Die Engel sind liebevolle Lichtschwingungen Gottes. Sie unterstützen die Entwicklung der Welt und der Menschheit und zeigen den Weg in das göttliche Bewusstsein. Sie unterscheiden sich durch ihre Aufgaben. Deshalb gibt es auch unzählig viele Engelarten, so viele, wie es Aufgaben im Kosmos, auf der Erde, bei den Menschen und Tieren gibt. Zum besseren Verständnis wurden die Engel von den Menschen in drei große Gruppen eingeteilt.

Die erste und höchste Engelgruppe hat die Aufgabe, das Wissen der Schöpfung zu bewahren, indem sie das Unreine und Schwere verbrennt (Seraphim), die Weisheit der Schöpfung erhält (Cherubim) und das Gleichgewicht der Kräfte auch in Geburt und Tod aufrechterhält (Throne).

Die zweite und mittlere Engelgruppe sorgt dafür, dass das göttliche Wissen so »aufbereitet« wird, dass es den Menschen zugänglich wird. Diese Engel besingen die göttliche Schöpfung und haben die Aufgabe, die Harmonie in der gesamten Schöpfung zu bewahren.

Zur dritten Engelgruppe zählen die Engel, die dem Menschen am nächsten stehen, so auch die Schutzengel. Die Aufgabe dieser Engel ist es, den Menschen bei seiner Seelenentwicklung und bei der Erfüllung seiner Aufgaben zu unterstützen. Engel sind Lichter Gottes, also reine Energiefelder. In ihrer Lichtschwingung besitzen sie keine Form, weil sie nicht materiell sind.

Wenn sie sich uns in menschenähnlicher Gestalt mit Flügeln darstellen, entspringen die Flügel der menschlichen Vorstellung. Engel benötigen selbstverständlich keine Flügel zum Fliegen. In Wirklichkeit handelt es sich bei den »Flügeln« um eine einhüllende Geste. Die Engel kommunizieren mit den Menschen und vermitteln ihnen lichtvolle, unterstützende Botschaften. Sie geben uns in ihren Botschaften die Kraft für unsere Gegenwart und einen Zukunftsimpuls. Durch die bewusste und überzeugte Verbindung mit dem Schutzengel, der uns stets behütet und unseren Seelenplan bewacht, gewinnen wir mehr an Urvertrauen und können liebevoller mit uns selbst und mit unseren Mitmenschen umgehen. Wir können dem inneren Ruf und der geistigen Führung folgen und werden selbstsicherer und zielgerichteter. Wir können jedoch unter keinen Umständen erwarten, dass die Engel Verantwortung für unsere Handlungen oder fehlende Achtsamkeit übernehmen.

In der heutigen Zeit hat jeder Mensch die Möglichkeit, wenn er dies möchte, durch seine Sensibilität die Engelwesen wahrzunehmen. Die Wahrnehmungen können ganz unterschiedlich ausfallen. Die verschiedenen Wahrnehmungsformen können sich auch vermischen. Wichtig ist, dass man sich voller Vertrauen auf die Kommunikation einlässt, dies ohne Erwartungshaltung, mit einem liebevollen Herzen und in absoluter Ruhe der Gedanken.

Es gibt im Wesentlichen folgende Wahrnehmungsformen:

Hellwissen: Menschen bekommen bei einer klaren inneren Frage an ihren Schutzengel eine klare innere Antwort.

Hellriechen: Solche Menschen können die Anwesenheit ihres Schutzengels über einen, meist blumigen, Duft wahrnehmen.

Hellhören: Manche Menschen »hören« die Botschaft des Schutzengels über die eigene Herzenssprache.

Hellfühlen: Dies äußert sich in einem inneren Gefühl, sich geführt und behütet zu wissen.

Hellsehen: Einem hellsichtigen Menschen begegnet ein Engel in Form einer Lichtgestalt.

Geistige Führung

Synchronizität ist der sinnvolle Zufall im Leben. Die geistige Führung zeigt sich durch Synchronizität. Es ist so, als wenn Dinge sich von allein ergeben, als ob man auf den richtigen Weg »geschubst« wird. Damit man sich für die göttliche Führung öffnen kann, ist es nötig, unbewusst verinnerlichte falsche Glaubenssätze und Dogmen zu überwinden, um ein freier Geist zu sein. Die göttliche Führung ist machtvoll und verlässlich, sie kann Dinge bewirken, die vom Menschen nicht erschaffen werden können. Durch Gebete, Meditation, liebevolle Menschen, sinnerfüllte Begegnungen und geistiges Wissen können wir den roten Faden unseres Seelenplans und die göttliche Führung im Leben erkennen und uns durch unsere innere Weisheit führen lassen. Wenn man der geistigen Führung nicht vertraut, dann wird man über Irrwege in die gleiche Position gelangen. Dann sind es die Schicksalsschläge, die uns den Weg weisen. Umwege und Hindernisse sind himmlische Hinweise, sich mit der Liebe zu verbinden. Wir sollten achtsam und offen für die Synchronizität sein. Das Leben kann nur jetzt gelebt werden, und alles spielt sich in der Gegenwart ab. Es hat sich niemals etwas in der Vergangenheit abgespielt, sondern stets in der damaligen Gegenwart, die jetzt zur Vergangenheit gehört. Es wird sich auch niemals etwas in der Zukunft abspielen, sondern immer in der zukünftigen Gegenwart.

Leben Sie aus dem Herzen. Je mehr wir vertrauensvoll und in Liebe bewusst aus dem Herzen unser Leben gestalten, umso mehr können wir uns der geistigen Führung Gottes und der Engel sicher sein. Wir werden diese dann immer intensiver wahrnehmen können und die Engel auf unserem Lebensweg mitwirken lassen. Dafür ist es hilfreich, jeden Tag den eigenen Lebensweg in meditativer Haltung zu segnen, seine Ziele in die täglichen Gebete einzuschließen, täglich auf die eigene Intuition und Inspiration, auf Synchronizität und auf die sensiblen Zeichen der Engel zu achten, welche in liebevollen Begegnungen oder chancenreichen Ereignissen bestehen können. Wir sollen somit in Achtsamkeit alle Veränderungen mit offenen Armen willkommen heißen. Gott ist in uns und mit uns, und es ist verständlich und entspricht den Lebensaufgaben, dass die Selbstliebe, das Selbstvertrauen und die Selbstwertschätzung immer weiter wachsen und gedeihen wollen. Diese hochrangigen Bedürfnisse können ihre Befriedigung niemals im Außen finden, sondern sind durch Harmonie, Liebe und Weisheit ausschließlich im Inneren zu finden.

Seien Sie sich Ihres lichtvollen Wesens bewusst, und erleben Sie das täglich aufs Neue, indem Sie immer stiller in sich werden und das Glück sich in Ihrem Herzen entfalten darf. Achten Sie auf sich, nehmen Sie sich wahr, und empfinden Sie Liebe zu sich selbst. Diesem hingebungsvollen Gefühl kann man nur im Inneren begegnen. Je mehr Sie Ihr Herz öffnen, umso intensiver erleben Sie die eigene Glückseligkeit und können erkennen, dass das Loslassen der inneren Spannungen und der Kontrolle den Weg zu innerer Freiheit und Glück bedeutet. Es geht im Leben stets darum, sich auf das Positive und die Liebe zu besinnen und Sicherheit durch das Urvertrauen in sich zu finden. Durch diese innere Einstellung werden die negativen Betrachtungs- und Verhaltensmuster immer weniger, und sie können schließlich losgelassen werden. Zu wahrem Glück gehört ein Leben in innerer Geborgenheit und dem Bewusstsein, dass das Gefühl der Glückseligkeit kein dauerhafter Zustand sein kann. Wir sind dann glücklich, wenn wir alles akzeptieren können, wie es ist, und nichts Weiteres brauchen, was wir nicht schon haben. Für diese Lebensqualität gilt es, sich stets zu öffnen, denn innerer Frieden und Geborgenheit sind die Basis für jegliches Glücksgefühl. Finden Sie deshalb Geborgenheit in allem, in Gott, in Ihnen, Ihrer Familie und in einer sinn-erfüllten Aufgabe. Seien Sie für die Schönheit in Ihnen, in Ihren Mitmenschen und in der Welt offen, und Sie werden erkennen, welch große Glückserfüllung es bedeuten kann, Menschen glücklich zu erleben, die man liebt. Es entspricht einem wah-ren Glück zu erleben, wie man sich selbst und anderen Men-schen helfen kann und die Hoffnung dadurch fortwährend wächst. Heilung kommt aus dem synchronen Fließen mit dem Leben und aus dem Loslassen von innerem Kampf, denn weise Menschen kämpfen nicht, sie verstehen in Liebe.

Man sollte es sich immer bewusst machen, dass ein jeder im Inneren selbst ein vollkommenes Ganzes ist, dass er in Gottes Liebe ist und geistige Führung empfängt. Betrachten wir alles, was geschieht, aus lichtvollem Blick und erfülltem Herzen. Je-der sollte von der himmlischen Liebe erfüllt sein und sie im Hier und Jetzt in Achtsamkeit leben. Lebt der Mensch in Dank-barkeit und innerer Freiheit, so kann Heilung auf allen Ebenen geschehen.

Die vorherrschende innere Stimmung sollte immer sein: So, wie die Ereignisse auf mich zukommen, so akzeptiere ich sie und betrachte sie aus der Sicht Gottes (»Dein Wille geschehe«). Alles hat seinen tiefen Sinn. Ich bin stark und habe den Mut, das Leben zu meistern, und aus der lichtvollen geistigen Welt wird mir jederzeit Hilfe und Schutz zuteil.

Vertrauen und Dankbarkeit. Für alles Neue, für jede Verän-derung benötigt man großes Vertrauen zu sich, in die Welt und in die geistige Führung. Die eigenen Muster und Blockaden und eine gewisse Starre in der Entwicklung geben dem Menschen eine scheinbare Sicherheit. Wenn auch die damit verbundenen Verhaltensmuster ihn unglücklich machen, so sind sie ihm doch vertraut. Diese loszulassen und in die innere Stabilität, in das Vertrauen, in die Liebe und somit in die Eigenverantwortung zu gehen, erfordert Vertrauen in Gott, in die Schöpfung und viel Weisheit. Doch wir sind Mitschöpfer unseres Lebensweges, im Guten wie im Schlechten. Nur wir selbst entscheiden, wie es weitergeht. Wir sind ein Teil Gottes und wirken bewusst wie auch unbewusst mit. Wir können positiv wirken, in Liebe, mit Lächeln, mit Verständnis, mit Großzügigkeit, dem Pflegen von Gemeinsamkeiten und vielem mehr.

Wir können aber auch aus Angst, Neid, Eifersucht und Kontrollzwang negativ wirken. Darunter wird sicherlich unser Umfeld leiden, vor allem aber leiden wir selbst. Licht- und liebevolles Mitgestalten bedeutet auch, dass wir Freude bereiten, und mit der Freude kommt auch die Liebe. Wir sind ein Teil des Ganzen, und unser Schöpferanteil ist unendlich und allmächtig. Und wenn die Angst uns blockiert, so sollen wir Glauben, Gebet, Segnung, liebevolle Menschen und lichtvolle Erfahrungen nutzen, um damit besser umzugehen und unsere Sorgen und Ängste ins Lichtvolle zu transformieren.

Auch die Dankbarkeit spielt eine große Rolle bei unserer geistigen und spirituellen Entwicklung. Sie öffnet die Herzen und zeigt den Weg auf zum inneren Frieden und somit zu Gott. Eine liebevolle innere Haltung ist die Basis einer spirituellen Entwicklung. Denn es geht nicht darum, welchen Glauben man verfolgt, sondern dass man ein gutes Herz hat.

Geistige Anbindung. In allem hilft uns unsere intensive geistige Anbindung. Von einer intensiven geistigen Anbindung spricht man dann, wenn der Mensch in seinem Glauben, in seiner Lebenseinstellung und seinen Gedanken so überzeugend ist, dass dies eine höhere Schwingung erschafft und daraus eine greifbare Realität wird: »Dir geschehe nach deinem Glauben.« Denn die geistige Welt Gottes und der Engel sowie das eigene Unter- und Überbewusstsein wirken energetisch mit. Starke Gedanken ziehen starke Ereignisse nach.

Mit der geistigen Anbindung ist die Verbindung mit dem himmlischen Wissensspeicher, der Akasha-Chronik, gemeint, die ich in Kapitel 2 »Akasha-Chronik und der Seelenplan« erläutert habe. In diesem übersinnlichen »Buch des Lebens« mit seinem allumfassenden Weltgedächtnis ist auch unser Seelenplan angelegt und das Höhere Selbst bzw. unser Geist ursprünglich dort beheimatet.

Die Einweihung. Wenn man in der Lage ist, bewusst mit diesem Überbewusstsein umzugehen, ist der Mensch im »Besitz« einer geistigen Einweihung. Eine geistige Einweihung findet dann statt, wenn die Engel einem Menschen Gottes Wissen und somit eine lichtvolle Aufgabe für diese Welt übertragen. Dies geschieht, wenn die Persönlichkeit dieses Menschen reif und der richtige Zeitpunkt gekommen ist. Ein solcher geistiger Einweihungsprozess kann innerhalb eines Lebens auch mehrfach stattfinden. Die Einweihung findet man nicht, sie findet uns. Man findet sie auch nicht durch einen anderen Menschen, noch kann ein anderer Mensch eine solche vermitteln. Diese fein-stoffliche Verbindung zwischen Himmel und dem Menschen geschieht von allein, dann, wenn der Mensch bereit und dazu in der Lage ist. Eine wirkliche Einweihung ist eine göttliche Gnade, man kann und sollte sie sich nicht herbeiwünschen.

Schutzengel und Seelenplan

Die Schutzengel habe ich in meinem Buch »Schutzengel« sehr ausführlich beschrieben. Hier möchte ich kurz auf ihre Bedeutung für den Seelenplan hinweisen.

Wie weiter oben erwähnt, begleitet der Schutzengel die Seele von Anbeginn an und über das irdische Leben, aber auch über mehrere Inkarnationen hinweg. Bereits vor der Geburt des Menschen gestaltet der Schutzengel zusammen mit der Seele den Seelenplan, somit ist der Schutzengel das wichtigste Geisteswesen des Menschen. Der Schutzengel gestaltet nicht nur den Seelenplan und somit die Lebensaufgaben und den Lebenssinn des Menschen, sondern er behütet ihn auch während des gesamten irdischen Lebens.

Unser Schutzengel hat die Aufgabe, uns Hinweise zu geben, die uns zu unserem Lebensplan bringen. Wir können diese Hinweise empfangen, wenn wir unser Herz dafür öffnen. Er zeigt uns auch, dass wir Fähigkeiten und Begabungen haben, ebenso die Kraft, diese in Vertrauen und Freude ausleben zu können. Unser Schutzengel erinnert uns daran, dass wir lichtvolle Geschöpfe sind und dass unser Lebensplan letztlich in der All-Liebe liegt.

6 Karma und Seelenplan

Nicht losgelassene Emotionen. Das Wort Karma bedeutet die Summe der nicht losgelassenen Emotionen; Emotionen, zu denen wir noch eine Anhaftung haben. Oberflächlich betrachtet, kann man sagen, dass wir uns gutes Karma erschaffen, wenn wir gut sind, und schlechtes, wenn wir schlecht sind. Oft wird der Begriff Karma auch einseitig negativ, mit Schuld behaftet ausgelegt. Dadurch wird der Begriff Karma mit Angst besetzt. Angst bringt die Menschen in diesem Falle jedoch nicht weiter und entspricht auch nicht der göttlichen Wahrheit. So wie alles, muss auch der Begriff Karma von beiden Seiten neutral betrachtet werden.

Karma sind die nicht losgelassenen Emotionen aus den gemachten Erfahrungen aus früheren Leben. Diese sind deshalb noch nicht gelöst, weil der Mensch daraus noch etwas lernen kann, was seiner Entwicklung dient. Probleme in diesem Leben können zwar, müssen aber nicht zwingend ihre emotionale Ursache in früheren Leben haben. Eine Auflösung hängt von der unbewussten Bereitschaft des Menschen ab. Oftmals braucht der Mensch zunächst noch weitere Erfahrungen, bis er auf diese Emotionen nicht mehr in Resonanz geht. So können sich durchaus auch in dieser Inkarnation durch die Beeinflussung aus dem Karma heraus gewisse Ereignisse, Neigungen, Begegnungen und Wendungen im Schicksal ergeben.

Verletzungen in Liebe heilen. Der Geist eines jeden Menschen geht nach dem körperlichen Ableben wieder in die Akasha-Chronik ein. Dort werden dann die gemachten Erfahrungen als eigenes Karma abgespeichert. Man sollte sich jedoch nicht zu viel mit vergangenen Inkarnationen beschäftigen. Das meiste, was wir hier aufzuarbeiten haben, rührt von den gemachten Erfahrungen aus dem jetzigen Leben, meist aus der Kindheit her. Gelingt es uns, diese Verletzungen lichtvoll in Liebe zu heilen, kann sich der karmische Rest oftmals von allein auflösen. Solche Heilungen geschehen am besten durch Vertrauen, durch Liebe und Vergebung, vor allem sich selbst gegenüber.

Verzeihen. Es kann passieren, dass es zwischen Menschen zu einer schweren Täter-Opfer-Beziehung kommt oder in einem früheren Leben dazu kam. Wenn solche Emotionen nicht verarbeitet werden konnten, wenn sie also nicht von einem der Beteiligten, vornehmlich vom »Opfer«, verziehen werden konnten, kann es passieren, dass sich die Beteiligten in einem späteren Leben nochmals zusammenfinden. Denn die noch vorhandene Resonanz bewirkt eine gegenseitige Anziehung. Da dies sicherlich von niemandem angestrebt wird, möchte ich jedem Menschen raten, allem und allen zu verzeihen, sowohl den Geschehnissen aus diesem wie auch aus früheren Leben.

Ich empfehle dazu mein Vergebungsgebet:

»Ich vergebe dir, was du getan hast, bewusst und unbewusst.

Ich bitte dich, mir zu vergeben, was ich getan habe, bewusst und unbewusst.

Ich bitte alle Menschen, dir zu vergeben, was du getan hast, bewusst und unbewusst.

Ich bitte dich, allen Menschen zu vergeben, was sie getan haben, bewusst und unbewusst.

Ich bitte alle Menschen, mir zu vergeben, was ich getan habe, bewusst und unbewusst.

Ich vergebe allen Menschen, was sie getan haben, bewusst und unbewusst.

Ich bitte Gott, dir zu vergeben, was du getan hast, bewusst und unbewusst.

Ich bitte Gott, mir zu vergeben, was ich getan habe, bewusst und unbewusst.

Und ich vergebe mir, was ich getan habe, bewusst und unbewusst.

Amen.«

Welchen Sinn haben Karmapartner? Der tiefere Sinn des Seelenplans hat mit Menschen, mit denen man gemeinsame Erfahrungen aus früheren Inkarnationen hat, welche auch oft Karmapartner genannt werden, eigentlich wenig zu tun. Sie sind einfach nur Hilfen oder Herausforderungen, um uns unsere Aufgaben aufzuzeigen. Man muss sich nicht auf bestimmte Menschen fixieren oder sich auf die Suche nach bestimmten Karmapartnern machen und in manche Menschen etwas hineininterpretieren. Der Prozess der Auflösung findet in uns statt und geht im licht- und liebevollen Zusammenspiel mit anderen Menschen genauso weiter. Hat man dann bestimmte Emotionen in sich geheilt, ist man aus einer gewissen seelischen Gebundenheit befreit. Ist dies geschehen, entsteht eine seelische Neutralität, was praktisch bedeutet, dass man in Bezug auf seine »Karmapartner« und bestimmte, bis dahin belastende und angstgeprägte Emotionen völlig frei ist. Man kann dann einen vorurteilsfreien entspannten, licht- und liebevollen Umgang mit all seinen Mitmenschen eingehen.

Karma – nicht erlöste Gefühle. Erkennen Sie im Karma also die Summe der nicht verarbeiteten Gefühle. Suchen Sie nicht nach karmischen Verstrickungen, sondern öffnen Sie lieber Ihr Herz der Liebe, und betrachten Sie alles in Ruhe mit den Augen der Liebe. Vertrauen Sie auf die göttliche Gnade, auf die geistige Unterstützung und die Geborgenheit in Gott. So können sich dann nach und nach die blockierenden Gefühle lösen. Es würde an sich kein Thema lösen und Sie auch nicht sonderlich weiterbringen, wenn Sie auf der bewussten Ebene Näheres über

Ihre karmischen Erfahrungen wüssten. Die Lösung und Vergebung geschieht immer im Vertrauen und in purer Liebe.

Ich werde immer wieder auf den Begriff »krank machendes Karma« angesprochen. Wenn Sie in Liebe sind, brauchen Sie sich über so etwas keinerlei Gedanken zu machen. Das sogenannte Karma ist niemals etwas anderes als nicht losgelassene Gefühle. Gehen Sie die aus dem Unterbewussten aufkeimenden Ängste, Sorgen und Ablehnung in Achtsamkeit und Bewusstheit, mit Zuversicht und Liebe an. Werden Sie sich der Prüfungen Ihres Lebens bewusst, denn das irdische Leben wie auch das spätere Jenseitige ist für die seelische Entwicklung da. Betrachten Sie alle herausfordernden Lebenssituationen als Chancen, und gehen Sie alles bewusst und authentisch an, denn Lebenserfahrungen bringen uns in unserer Weisheit und unsren Erkenntnissen weiter. Das Leben will mit Mut und Urvertrauen gelebt werden. Richten Sie den Blick stets voller Zuversicht nach vorne und nicht zurück, und seien Sie offen für jeden Zugewinn an Erfahrung, Wissen, Weisheit und Stärke. Heilung kommt aus dem synchronen Fließen mit dem Leben und aus dem Loslassen von innerem Kampf und dem Verstehen in Liebe. Betrachten Sie das Leben nicht vordergründig als schwer und kompliziert.

Es wird für uns gesorgt. Wenn wir im Lichte Gottes stehen, spüren und erkennen wir, dass für uns gesorgt ist. Wir fühlen uns in Gottes Liebe geborgen und brauchen den vermeintlichen Schutz nicht bei Partnern oder Eltern zu suchen, sondern erkennen, dass alles in uns ist, dass wir ein lichtvolles Ganzes sind. Jetzt können Partnerschaften sich lichtvoll gestalten. Vertrauen Sie der himmlischen Führung. Jede Seele hat sich vor der Inkarnation einen lichtvollen Seelenplan vorgenommen, der viel Liebe, Freude, Glück und Leichtigkeit enthält. Die himmlischen Helfer sind stets darum bemüht, die Seele schicksalhaft so zu führen, dass sie diesen Plan leben und erfüllen kann. Hören Sie auf Ihr Herz, und folgen Sie Ihrer Intuition und der himmlischen Führung, indem Sie Liebe leben, denn der Verstand ist begrenzt, die Intuition aber ist unbegrenzt. Dann ist alles Sinn- und Lichtvolle möglich.

Was ist Schuld? In Verbindung mit dem Thema Karma und Seelenplan ist es wichtig, die Gedanken von Schuld und Sünde ganz abzulegen. Denn wenn Menschen nach Schuld suchen, sowohl bei sich als auch bei anderen, kann dies auch ein Zeichen dafür sein, dass sie ihre Eigenverantwortung und die damit zwingend einhergehende Freiheit scheuen. Wenn wir die Schuld bei einem anderen sehen, sollten wir immer bedenken, dass wir demjenigen, dem wir Schuld geben, auch Macht geben, ebenso unsere Energie!

Schuld ist etwas, was es so nicht gibt, doch der Mensch hält gerne daran fest. Die Anhaftungen an Schuldfragen sollten wir lichtvoll in Vergebung und Eigenverantwortung umwandeln. Dies gibt einem wieder Freiheit und Heilung und ermöglicht einen lichtvollen Neubeginn. Denn der Seelenplan entspricht einem hohen, gütigen und unendlichen Bewusstsein. Je mehr wir mit uns selbst im Frieden sind, umso weniger können Dinge an uns anhaften, und je mehr wir in Dankbarkeit sind, umso mehr werden wir unser eigenes Leben begreifen und ergreifen. Dann merken wir, dass es keine Fehler gibt, solange wir daraus lernen, denn genau dafür sind diese notwendigen Erfahrungen in unserem vorgenommenen Seelenplan da; um durch die irdische Erfahrung etwas Höheres zu begreifen, dieses höhere Licht selbst zu sein.

Alles ist ein Lernprozess und unser individueller Weg zu Liebe und zu Gott. In göttlicher Liebe liegt wahre Freiheit und Macht, welche niemanden unterdrückt, sondern die liebevollen Stärken der eigenen Persönlichkeit widerspiegelt und inneres Wissen freisetzt. Seien Sie Ihrem Herzen stets treu, und folgen Sie Ihrem inneren Ruf, dann können Sie alles erfahren, und Ihr Seelenplan kann sich erfüllen. Liebe und inneres Wissen liegen nah beieinander. Denn unsere Gedanken und Handlungen sind Bausteine des werdenden Schicksals und belasten oder entlasten unser »Karmakonto«, unsere Emotionen. Anhaftende Emotionen belasten, und lichtvoll gelöste Emotionen entlasten und befreien unser Karma. Dies bedeutet, dass all unser Tun auch einen gewissen Einfluss auf künftige Inkarnationen bezüglich guter wie belastender Resonanz beinhaltet.

7 Resonanz und Polarität

In der Materie herrschen gewisse Gesetzmäßigkeiten, die während unseres irdischen Aufenthaltes für uns eine große Rolle spielen. Die wichtigsten Einflüsse haben neben der Zeit, die im All nicht vorhanden ist, das Gesetz der Resonanz und das Gesetz der Polarität. Unsere Seele ist nun wieder in einem materiellen Körper auf der Erde inkarniert, um sich im Miteinander, im Umgang mit den Mitmenschen wahrzunehmen, um sich immer mehr in der eigenen Liebesfähigkeit, in Resonanz und Toleranz gemäß dem Seelenplan weiterzuentwickeln. Im Himmel sind wir reine Emotion, um uns wahrzunehmen, benötigen wir die Aufenthalte auf der Erde. Wir machen hier also vorbestimmt und freiwillig unsere für unsere Weiterentwicklung so wichtigen Erfahrungen in einem materiellen Körper, in der Einheit von Körper, Seele und Geist.

Alles besitzt zwei Pole. Polarität bedeutet, dass alles zwei Pole besitzt und sich das Leben dazwischen »ausspannt«. Aus der asiatischen Lehre kennen wir die Pole als Yin und Yang. Im Kybalion findet man dazu Folgendes: »Alles ist zwiefach, alles hat zwei Pole, alles hat sein Paar von Gegensätzlichkeit, gleich und ungleich ist dasselbe. Gegensätze sind identisch in der Natur, nur verschieden im Grad. Extreme berühren sich, alle Wahrheiten sind nur halbe Wahrheiten, alle Widersprüche können miteinander in Einklang gebracht werden.«

Alles ist an sich eine Einheit, in der alles gleichzeitig vorhanden ist. In der Materie offenbart sich uns die Einheit stets in Gegensätzen, da sowohl unsere Wahrnehmung als auch somit unser Denken polar strukturiert sind. Der allseits vorhandenen Polarität kann niemand entfliehen, wir befinden uns ständig in einem Spannungsfeld zwischen den Polen. Es liegt nun an uns, für welchen Pol wir uns entscheiden, worauf wir unseren Fokus ausrichten. Wir müssen erkennen, dass wir die Einheit als solche nicht erfassen können, müssen in unserer Weltanschauung aber beachten, dass es kein Schwarz-Weiß oder Entweder-oder gibt, sondern immer ein Sowohl-als-auch. Die Liebe kann hier wahre Wunder bewirken, denn sie ist freilassend und lässt uns in unserer Betrachtung und unseren Ansichten weise sein.

Was bedeutet Resonanz? Resonanz bedeutet zunächst das Mitschwingen mit etwas oder mit jemandem; mit dem, was in uns auf unerlöste Emotionen stößt. Über die Resonanz begegnen wir im Außen vermehrt dem, was wir im Inneren als Wahrheit tragen, was wir überwiegend bewusst oder unbewusst denken und nach außen ausstrahlen. Deswegen sollen wir auf unsere Gedanken achten, denn jeder Gedanke ist ein Baustein für das künftige Schicksal. Was immer wir denken, geht mit seinesgleichen in Resonanz, und Gleiches zieht Gleiches an.

Jede Entscheidung, die wir heute treffen, beeinflusst die Entscheidungen, vor denen wir morgen stehen. Wir Menschen, die wir die Erde bewohnen, sind alle eng miteinander verbunden, und keine Aktion bleibt ohne irgendeine Art von Reaktion.

Gemeinsam erzeugen wir auch, was in der Welt geschieht. Wir alle sind miteinander aufs Engste verbunden, und alle Gedanken und jedes Gefühl schwingen durch das gesamte Universum.

Böse und schockierende Ereignisse können im Menschen wie auch in Gesellschaften große Veränderungen bewirken. Wären wir nicht selbst Zeugen von schlimmen Situationen, könnten wir nicht Empathie und Mitleid empfinden. Ohne große Herausforderungen wären wir nicht zu Geduld und Mitgefühl fähig. Die Erkenntnis letztendlich, dass die irdischen Probleme kaum ins Gewicht fallen, wenn man das ewige Leben und die Unendlichkeit und die Güte des Himmels und der Schöpfung betrachtet, ermöglicht uns, auch inmitten von Sorge und Trauer Freude zu erfahren. Wären wir nur von wohligem Behagen und Selbstzufriedenheit umgeben, so könnten wir uns nicht wesentlich verändern oder weiterentwickeln.

Wir bemühen uns, Leid in Gutes zu verwandeln. Wir müssen auch erkennen, dass es eine enge Verbindung zwischen Leid und Glück gibt. Wer vor dem Leid wegläuft, wird kein Glück finden können. Es ist sinnvoller, die Wurzeln des Leids zu suchen, erst dann kann Verständnis und Mitgefühl erwachsen. Hierin liegt der Schlüssel zur Freude und zum Seelenplan.

Mitgefühl ist eine wesentliche Aufgabe des Seelenplans. Diese zeigt sich in der Spiritualität als die Fähigkeit, unsere Menschlichkeit mit all den dazugehörigen Bedürfnissen in Harmonie zu bringen, mit Bewusstheit und Meditation zu verbinden. Erst in dieser Verbindung werden all unsere Handlungen ganz und können unserem Wohl und dem Wohl aller Menschen dienen. Nur wer sich selbst liebt und achtet und nicht nur seine Wunschbilder von sich, kann seine Liebe auch mit anderen Menschen teilen. Lassen wir los, was wir glauben, sein zu müssen, und lieben und umarmen wir uns von ganzem Herzen, und nehmen wir uns so an, wie wir sind.

Aus der positiven, licht- und liebevollen Resonanz heraus kann sich der Mensch immer mehr als Mitschöpfer anstatt als Opfer begreifen und seinen Schicksalsweg und auch das Wandlungsgeschehen der Welt lichtvoll mitgestalten. Es geht vor allem darum, die Emotionen wie Liebe und Angst in innerer Balance zu leben. Dies wird machbar, wenn der Mensch immer wieder eine bewertungslose Haltung einnimmt und sich emotional weder als Opfer in Angst, noch als Täter in Aggression erlebt, sondern als ein achtsamer Betrachter. Und dies wird machbar, wenn der Mensch sich in einer liebevollen Resonanz befindet. Es geht darum, nicht in Gegensätzen, sondern in Alternativen zu denken und die Welt in ihren vielfältigen Facetten zu erleben.

Der Mensch als Gestalter. Bei den eintretenden Geschehnissen spielt ein weitläufigeres globales Schicksal eine Rolle. Wie wir damit umgehen und wie wir sie meistern, obliegt immer unserem individuellen Bewusstsein und unserer Erkenntnis. Der Mensch selbst entscheidet, wie er sein Leben gestalten will, was er aus dem macht, was gerade geschieht, und wie konsequent er den Weg der Liebe geht und somit auch die himmlische Kraft und Hilfe Gottes und der Engel in seinen gelebten Glauben und in sein Leben hineinlässt. Jeder Mensch muss sich seines freien Willens bewusst sein. Denn Dinge, die er selbst anzugehen hat, muss er selbst erledigen. Nicht ohne Grund heißt es: »Hilf dir selbst, dann hilft dir Gott.« Dies können ihm weder Gott noch die Engel abnehmen. Die Engel dürfen einem Menschen von sich aus weder Glück noch seinen Seelenplan präsentieren, sie würden sonst zu sehr in sein persönliches Schicksal eingreifen. Sie stehen uns aber in allem unterstützend zur Seite und führen uns durch sanfte Herzensimpulse auf dem Weg. Somit sollte unser aller Lebensmotto sein: Ich helfe mir selbst, dann werden mich auch die Engel unterstützen.

Sie sind inkarniert, um hier im Miteinander Ihre Erfahrungen zu sammeln und in Liebe, Güte und Vertrauen Ihren Weg zu gehen, dessen großes Ziel die reine, lichtvolle Liebe ist. Ihr Weg wird Ihnen gezeigt werden, seien Sie also achtsam. Die Engel sind immer darum bemüht, dass der Mensch glücklich, gesund und stark ist, denn dann kann viel göttliches Licht in der Materie wirken. Deshalb hören Sie aufmerksam und mit liebevollem Herzen zu, bevor Sie einen Weg einschlagen. Dann kann Ihr Seelenplan Sie erreichen und Sie zum Licht und zur Liebe auf Ihrem individuellen Weg leiten, und das Leben erfährt mehr Leichtigkeit. Vertrauen Sie darauf, dass Sie immer die Unterstützung der Engel, die Sie auf Ihrem Lebensweg benötigen, erhalten. Seien Sie also stets achtsam und bereit, und lassen Sie durch ein inneres Gebet, klare Gedanken und liebevolle Gefühle, das Wirken des Himmels zu.

Manche Geschehnisse im Leben sind für die Entfaltung der inneren Lebensaufgaben in der eigenen Persönlichkeit aus dem Höheren, also vor der Inkarnation, im Seelenplan und somit im individuellen Schicksal, bereits angelegt worden. Die meisten jedoch entwickeln sich aus der momentanen Resonanz heraus. Je näher und bewusster wir uns am Seelenplan befinden, desto stärker werden sich liebevolle Gefühle und somit Freude und Leichtigkeit auf dem Lebensweg einstellen können.

All diese Eigenschaften sind die Zutaten für einen lichtvollen Weg und ein sinnerfülltes und glückliches Leben. Niemand kann vom Intellekt her und wunschorientiert den Sinn und den Ablauf des eigenen Lebens bestimmen. Den bestimmt ein größeres Gesamtschicksal – ein Gesetz, das herrscht und führt, zu einer sich steigernden, grenzenlosen Befähigung zur Glückseligkeit und zu grenzenloser Liebe.

8 Segnung des Seelenplans

Eine aktive Möglichkeit im Umgang mit dem Seelenplan ist das Segnen. Segnen (lat. signare) bedeutet, etwas oder jemanden mit göttlicher Kraft oder Gnade zu versehen, also Menschen, Dingen oder Geschehnissen Gutes von Gott her zu vermitteln.

Durch den eigenen Segen kann die Intuition wachsen, und das Gespür für den eigenen Seelenplan kann sich stets weiterentwickeln. Nutzen Sie täglich die Kraft der Meditation in der Stille, die Kraft der Segnungen, Ihrer Anliegen und auch die Ihrer Mitmenschen, nutzen Sie auch Gebete und Ihren überzeugten Glauben für Ihr Weiterkommen und für die Vergebung in Ihnen und Ihrem Leben. Gehen Sie aufgerichtet in Liebe und voller Mitgefühl durch das Leben, denn Sie sind ein lichtvolles himmlisches Wesen, und so, wie Sie sind, sind Sie vollkommen und in großer Fülle. Glauben Sie an sich, und erkennen Sie das große Schöpfungspotenzial, das Ihnen zur Verfügung steht. Es liegt an Ihnen, das zu erschaffen, was Sie wollen. Fülle, Fluss oder gar Überfluss, ebenso Leichtigkeit, Glücksgefühle und Lebensfreude sollten für Sie ein natürlicher Zustand sein.

Zentrierung der Energie. Segnen Sie sich und Ihre Vorhaben, und Sie werden gesegnet sein. Segnung ist die Zentrierung der Energie auf eine Sache, ein Ereignis, Vorhaben, einen oder mehrere Menschen. Sie entsteht und wirkt durch liebevolle Gedanken und Gefühle in geistiger Anbindung. Betrachten und denken Sie liebevoll an alles, was Sie bewegt, und lächeln Sie es innerlich, voller Vertrauen von Herzen an. So erschaffen Sie eine lichtvolle Kraft, die alles durchdringt, sich über alles legt und Liebe und lichtvollen Segen in Sie, Ihre Vorhaben und Ihre Mitmenschen bringt. Lassen Sie den himmlischen Segen in allem wirken. Wenn Sie an ein Vorhaben, einen Wunsch oder an einen Menschen von ganzem Herzen glauben, so hüllen Sie es oder ihn durch Ihre Liebe in gute Energie ein. Dies gibt allem einen großen, lichtvollen Schutz und verstärkt das Energiefeld, in dem dann die himmlischen Kräfte intensiv wirken können.

Stellen Sie sich über die Angst. Gehen Sie also voller Liebe, Vertrauen und Überzeugung die Dinge an, und seien Sie sich jederzeit und in jeder Lage Ihrer Schöpferkraft bewusst. Ihr Weg ist immer lichtvoll, jedoch nur Sie können ihn auch lichtvoll gehen. Wachsen Sie an den Herausforderungen, und lernen Sie Ihre Kraft, Ihren Mut und Ihr Schöpferpotenzial dadurch immer mehr kennen. Verzweiflung, Angst und Unsicherheiten blockieren den natürlichen, lichtvollen Fluss. Jeder Mensch hat die Fähigkeit und auch die Aufgabe, sich zu liebevollen, kreativen Lösungen und zu lichtvollen Kräften hinzuentwickeln. Ihr Weg ist lichtvoll und frei, machen Sie sich auf die Reise, und folgen Sie Ihrem Herzen. Machen Sie sich bewusst, dass niemand Ihnen im Weg stehen kann, außer Sie sich selbst. Lassen Sie sich nicht von Unsicherheiten, Angst und Zweifel irritieren und ablenken, sondern besinnen Sie sich auf Ihre Kraft, Ihre unendlichen Möglichkeiten und Ihren unerschütterlichen Glauben. Ihr Weg ist eben, lichtvoll und frei, doch Sie müssen ihn auch ergreifen und gehen. Achten Sie auf die liebevollen Intuitionen Ihres Herzens, und folgen Sie ihnen mutig und mit dem tiefen Vertrauen in die Führung Gottes. Lassen Sie sich nicht durch Kummer und Schmerz irritieren, sondern stellen Sie stets die höheren Werte über die Angst und die unglücklich machenden, alten Muster, und erkennen Sie, dass da, wo Angst ist, Liebe erwachen möchte.

Segnung hilft, Konflikte zu lösen. Die Herausforderungen gehören zum Seelenplan dazu, und besonders in solchen Lebensphasen ist es wichtig, den Kopf nicht in den Sand zu stecken, sondern vertrauensvoll mit Wachsamkeit und Gegenwartspräsenz durch die entsprechenden Lebensphasen hindurchzugehen und sie zu meistern. Denn gerade solche Erfahrungen können uns aufzeigen, was wir bislang in unserer Entwicklung übersehen haben könnten und wo eine sinn- und lichtvolle Wegkorrektur benötigt wird. Dann wird sich auch eine entsprechende »Umleitung« in Form von Lösungsmöglichkeiten bieten, welche uns dann im Leben weiterbringen werden. Suchen wir immer die Lösungen und klammern uns nicht an die Probleme. Mögen wir in diesen Lebensabschnitten unsere Gelassenheit und unser Gottvertrauen wahren.

Sie können gerne auch das folgende Gebet, wenn es Ihnen zusagt, mit in Ihr Tagesbewusstsein nehmen. Es soll Ihnen inneren Halt und Orientierung im Alltag geben. Es ist ein Schutzengelgebet für die Konfliktlösung.

»Lieber Schutzengel, ich weiß, das Problem, das ich lösen möchte, ist (…).

Ich weiß, ich werde es schaffen, denn mein Seelenplan ist Liebe. Bitte hilf mir dabei, und erledige das, was du am besten tun kannst. Hilf mir, das zu erkennen, was mein Anteil an der Lösung ist.

Möge die Situation sich so ändern, wie es für alle Beteiligten licht- und sinnvoll ist.

Amen.«

Ein Gebet sollte dreimal am Tag gesprochen werden. Vielleicht möchten Sie dabei eine Kerze anzünden, um die belastenden Themen mit tiefem Vertrauen den Engeln zu übergeben, damit sie so auf geistiger Ebene einer liebevollen Lösung zugeführt werden.

Für eine Wegkorrektur im Leben und um blockierende innere Muster zu verwandeln, empfehle ich auch die unten beschriebene Konfliktlösungsübung. Sie kann dabei hilfreich sein, die vorhandenen bewussten wie auch unbewussten Konflikte anzugehen, diese leichter zu lösen und mit mehr Gottvertrauen im Leben und im eigenen Seelenplan voranzukommen. Es ist vonnöten, innere Konflikte zu heilen, feindliches Verhalten loszulassen und somit auch die Angst vor den Mitmenschen abzubauen.

Schutzengelübung für die Konfliktlösung

Setzen Sie sich bequem hin, und bitten Sie Ihren Schutzengel um Mithilfe.

Entspannen Sie Ihren Körper. Beginnen Sie unten am Körper. Entspannen Sie die Füße, die Beine, das Becken, den Rücken, die Schultern, die Ober- und Unterkiefermuskulatur. So hat der Kopf die Möglichkeit, frei zu werden.

Beobachten Sie den Atem. Dieser wird immer tiefer, langsamer, stabiler. Unterstützen Sie jeden Atemzug mit einem Herzenslächeln. Sodass Sie Wärme und Liebe in der Brust spüren.

Atmen Sie ein und aus, und alles andere wird unwichtig. Spüren Sie in Ihrem Herzen den Satz:
»Ich verbinde mich mit der lichtvollen geistigen Welt.«

Werden Sie zu einer wunderbaren Lichtsäule.

Spüren Sie Ihr Lächeln in Ihrer Brust, und fühlen Sie die Frage:
»Welcher Konflikt beschäftigt mein Inneres?«

Vielleicht kommt in Ihnen das Bild eines Menschen hoch oder ein überraschendes Thema, etwas aus dem beruflichen Alltag oder eine Krankheit.

Betrachten Sie möglichst emotionslos und neutral. Seien Sie einfach nur Beobachter.

Atmen und lächeln Sie. Ihnen wird bewusst, welchen Konflikt das Bild, das Thema, dieser Mensch für Sie darstellt. Vielleicht das Thema Vergebung, das Thema Loslassen oder etwas anderes.

Und stellen Sie zwischen sich und diesen Menschen oder das Thema ein Lichtkreuz. Es möge wie die Sonne heilsam auf Sie beide scheinen, eine lichtvolle Wand zwischen Ihnen entwickeln, sodass in Ihnen immer mehr Sicherheit geboren wird; das Gefühl: Es wird alles gut. Es wird geklärt und gelöst.

Spüren Sie immer mehr diese heilende Eigenschaft in sich, die den Konflikt löst. Das kann das Loslassen sein oder die Vergebung oder etwas anderes. Spüren Sie diese Kraft in sich, und Sie wissen, Sie schaffen es.

Dieses Lichtkreuz durchleuchtet, beleuchtet Ihr Thema, den Menschen oder die Krankheit.

In dieser Eigenschaft, die Ihrem Konflikt entspricht, zum Beispiel des Vergebens oder Loslassens, versuchen Sie, so neutral zu sein, dass Sie dieses Thema umarmen können.

Wenn sich etwas in Ihnen wehrt, bleiben Sie beim Atem wie ein Engel. Er kann alles.

Versuchen Sie nun erneut, dieses Thema mit innerer Stärke zu umarmen.

Ganz gleich, ob es Ihnen jetzt schon gelungen ist oder noch nicht, können Sie sich jetzt zurücknehmen.

Es wird Ihnen immer mehr bewusst, was es heißt, diese Kraft zu haben, und was dieses Thema für Sie symbolisiert. Es hat nur diesen lichtvollen Sinn, nicht mehr und nicht weniger.

Bewahren Sie sich Ihren Atem, Ihr Lächeln. Sie sind in Sicherheit. Atmen Sie ruhig ein und aus.

Versuchen Sie, sich zu verbeugen in einer tiefen Demut, die befreit, die heil macht. Denn das ist die Umarmung Gottes.

Alles ist in Ordnung. Entwickeln Sie Demut, das heißt die Erkenntnis, dass alles machbar ist im Fluss mit dem höheren Sinn. Mit dieser Demut gewinnen Sie an Kraft, das Thema weiter anzugehen, aktiv zu lösen oder im Außen Hilfe zu finden.

Das Thema selbst wird immer unwichtiger.

Wichtig ist vielmehr, dass Sie vollkommen im Licht stehen.

Ihr Lichtstrahl des Herzens fließt nach oben zum Himmel, fließt hinunter zur Erde, fließt nach links und nach rechts. Fühlen Sie sich mit allem verbunden. Spüren Sie Ihre Stärke und Liebe. Sie wachsen und wachsen in ihrem Inneren!

Fühlen Sie sich im Lichtkreis eingehüllt. Sie wissen, Sie können alles schaffen.

Besinnen Sie sich noch stärker auf sich.

Sagen Sie sich innerlich, »Ich liebe mich«, und fühlen Sie es auch in Ihrem Herzen.

Wenn Sie sich sicher sind und gestärkt fühlen, wissen Sie, wie Sie jetzt an diesem Thema arbeiten können, jeden Tag oder auch mehrmals am Tag und immer dann, wenn Sie das Thema übermannt.

In dieser Souveränität kommen Sie langsam zu sich und strecken sich.

Vielleicht können Sie mit dieser Übung und mithilfe Ihres Schutzengels zu Erkenntnissen gelangen, wie zum Beispiel, dass Feindschaft niemals eine Lösung ist. Jeder sollte sich bei der Suche nach Problemlösungen auf seine Mitte, auf seine geistige Anbindung und auf sein liebevolles Herz besinnen. Aus dieser Neutralität heraus wird die Lösung erkennbar. Zugrunde liegende Ängste und gewohnte Verhaltens- und Denkmuster können bewusst und in Weisheit aufgelöst werden. Muster lassen sich aufbrechen, wenn im Inneren kein Konflikt wütet, sondern Liebe und Demut vorhanden sind. Folgen Sie immer Ihrem liebevollen Herzen, denn es kennt die Wahrheit.

Spiritualität im Alltag. Gelebte Spiritualität zeigt dem Menschen den Weg, die wahren inneren Werte zu erkennen, die das Leben wirklich lebenswert machen und alles darstellen, was den Menschen in seinen zwischenmenschlichen Begegnungen bereichert. Es sind die inneren Werte wie Ehrlichkeit, Mitgefühl, Verständnis, Erkenntnis und Liebe. All diese Tugenden sind nötig, um Spiritualität praktisch im Alltag zu leben und den eigenen Seelenplan zu erfüllen.

Solange unser Leben nach unseren Vorstellungen verläuft, fällt es uns leicht, diese Eigenschaften zu spüren. Doch wir müssen unseren Glauben an das Gute und an Gottes Kraft auch in weniger beflügelnden Zeiten bewahren und aus einem tiefen Vertrauen heraus allen Ereignissen etwas Gutes abgewinnen. Wir sollten stets darauf achten, dass alles, was wir tun, aus vollem Herzen, in Liebe und Freude geschieht, sodass der himmlische Segen in allem wirken kann.

Lassen Sie Ihre Sorgen und Zweifel los, denn erst dann können Ihre lichtvollen Kräfte wirken und kann sich die Liebe in Ihrem Leben entfalten. Eine achtsame Präsenz in der Gegenwart erleichtert das Loslassen der Vergangenheit und die Segnung der Zukunft. Alle Ziele und Bedürfnisse können Sie leicht erreichen, wenn sie im Seelenplan angelegt sind und Sie es von ganzem Herzen, voller Überzeugung wollen. Die Verwirklichung der Vorhaben geschieht mit dem geistigen Willen, die Reinheit der Absicht kommt aus dem Herzen, und wenn beide Aspekte in Ihren Zielen vorhanden sind, werden Sie die Stimmigkeit Ihrer Bedürfnisse spüren, und der Himmel kann an deren Erfüllung mitwirken. Mit geistiger Führung und tiefem Glauben können Sie Ihre Schöpferkraft einsetzen und Ihre Vorgaben und Ziele segnen. Entscheiden Sie sich immer für das Liebevolle in Ihnen, und Sie werden immer das Richtige tun. Liebevoll sind nicht immer jene Entscheidungen, bei denen man Konflikte vermeidet, bei denen man sich also nur vorübergehend beruhigt, sondern die Entscheidungen, bei denen man Konflikte angeht, und zwar so, dass sie sich im tiefsten Herzen friedvoll und stimmig anfühlen und niemandem schaden. Das Richtige ist immer das, was die Seele mit Frieden erfüllt, und jeder Irrtum kann auch ein Schritt nach vorne sein.

Segnungen als Heilkräfte. Die Kraft der Gebete ist ein altbewährter Zugang zu den göttlichen Sphären. Gebete und Segnungen zählen vermutlich zu den ältesten Heilkräften überhaupt. Sie sind aus allen Kulturkreisen und Religionen bekannt. Wenn Worte mit Gefühlen verbunden werden, um damit auf die Ebene der Tat, der irdischen Verwirklichung zu kommen, dann ist das ein Schritt, durch den wir unseren Zielen näherkommen.

Gebete und Segnungen sind Heilmethoden, die wir selbst ausüben können. Sie bringen Klarheit und führen zur Eigenverantwortung und Selbstständigkeit, und das im Sinne eines ganzheitlichen Bewusstseins, da wir einerseits selbst aktiv werden und uns andererseits die enge Verbindung mit Gott, den Engeln und der ganzen Schöpfung bewusst machen. Bei Gebeten bitten wir um Hilfe und Heilung von einer höheren Ebene und durch höhere Kräfte. Diese sind zwar auch in uns vorhanden, aber wir können sie nicht immer wahrnehmen und einsetzen.

Deshalb bitten wir darum, dass diese Kräfte uns in bestimmten Situationen stärker zufließen beziehungsweise deutlicher spürbar und nutzbar werden.

Vom Intellekt her wissen wir oft, welche Eigenschaften für das Wachstum unserer Persönlichkeit notwendig sind, aber wir können sie oftmals gerade dann im Herzen nicht spüren, wenn wir sie brauchen. Wenn wir sie aber im Herzen nicht leben, so tun wir uns dann meist auch schwer, eine Lösung für unsere Probleme zu finden. Manchmal kann es sehr lange dauern, eine Herzenseigenschaft authentisch und dauerhaft zu entwickeln. In solchen Fällen können uns Gebete helfen, denn sie gehen über unsere Seelenebene zum höheren Selbst und können unseren Charakter heilend verändern. Diese innere Entwicklung verursacht nicht nur positive Veränderungen in uns selbst, sondern wird auch in das äußere Umfeld reflektiert. Die Wahrnehmung der äußeren Veränderungen wiederum stellt eine Möglichkeit dar, die eigene wahrhaftige Entwicklung zu erkennen.

Etwas Wesentliches beim Beten ist auch, dass wir durch die Kraft und das Sprechen des Gebetes inneren Frieden finden und Geduld üben. Und Geduld ist die wahre Meisterschaft eines jeden Menschen und die Basis für Urvertrauen und Liebesfähigkeit.

Ich empfehle, dass Sie ein für Sie passendes Gebet drei Wochen lang dreimal am Tag, morgens, mittags und abends, mit innerer Bewusstheit sprechen. Wenn Sie spüren, dass das Gebet Sie weiterhin berührt, dass das Thema also offenbar noch nicht gelöst ist, so sprechen Sie es noch weitere drei Wochen lang zweimal am Tag, morgens und abends. Wenn Bedarf besteht, wiederholen Sie es nochmals drei Wochen einmal am Tag, am besten morgens. Sie können spüren, wie Sie mit jedem Tag immer mehr Erkenntnisse sammeln, sich durch innere Erlebnisse entfalten und wie sich auch die äußeren Gegebenheiten durch Ihre Weisheit verändern können.

Der Himmel erwartet nicht, dass Sie zwingend vorgegebenen Gebeten folgen. Sie sind dabei ganz frei und sollten sogar Ihre Gebete so formulieren, wie es Ihrem Herzensanliegen entspricht und wie es für Sie zum jeweiligen Zeitpunkt stimmig ist. Die Hauptsache ist, dass Sie es aus liebevollem, vertrauensvollem und geduldigem Herzen und tiefem Gottvertrauen tun.

Von Novalis stammt der Satz:

»Glück ist Talent für das Schicksal.«

Genau dieses Talent haben wir alle, wir müssen dies nur nutzen. Wenn wir mit uns und unserem Schicksal hadern, sollten wir ganz bewusst zu dessen Heilung etwas beitragen. Eine lichtvolle Möglichkeit bietet folgende Heilungsübung.

Übung für den Lebensrückblick zur Heilung des Schicksals

Setzen Sie sich bequem hin, und entspannen Sie Ihren Körper. Fangen Sie mit der Entspannung bei den Füßen an, entspannen Sie dann die Beine, das Becken, den Rücken, die Schultern, Arme und Hände und schließlich das Gesicht mit Ober- und Unterkiefermuskulatur. So hat der Kopf die Möglichkeit, frei zu werden.

Beobachten Sie Ihren Atem. Dieser wird immer tiefer, langsamer und stabiler. Unterstützen Sie jeden Atemzug mit einem Herzenslächeln. Sodass Sie Wärme und Liebe in der Brust spüren.

Nehmen Sie sich etwas Zeit für Ihren Lebensrückblick. Betrachten Sie in aller Ruhe Ihr Leben mit seinen Ereignissen wie einen roten Faden von der Geburt bis zum heutigen Zeitpunkt.

Wenn in Ihnen eine bedrückende Szene, Kummer oder Traurigkeit aufsteigt, so bitten Sie Ihren Schutzengel um Unterstützung bei der Bewältigung, und lassen Sie in Ihren Gedanken Licht und bunte Farben in das vergangene Geschehen einfließen.

Füllen Sie eine bedrückende Szene mit vielen Blumen und zum Beispiel bunten Wänden aus, immer weiter, bis sie lichtvoll wird.

Wenn Sie bereit sind, dann sprechen Sie von Herzen das Vergebungsgebet: »Ich vergebe dir, was du getan hast, bewusst und unbewusst.

Ich bitte dich, mir zu vergeben, was ich getan habe, bewusst und unbewusst.

Ich bitte alle Menschen, dir zu vergeben, was du getan hast, bewusst und unbewusst.

Ich bitte dich, allen Menschen zu vergeben, was sie getan haben, bewusst und unbewusst.

Ich bitte alle Menschen, mir zu vergeben, was ich getan habe, bewusst und unbewusst.

Ich vergebe allen Menschen, was sie getan haben, bewusst und unbewusst.

Ich bitte Gott, dir zu vergeben, was du getan hast, bewusst und unbewusst.

Ich bitte Gott, mir zu vergeben, was ich getan habe, bewusst und unbewusst.

Und ich vergebe mir, was ich getan habe, bewusst und unbewusst.

Amen.«

Spüren Sie, wie das Gebet seine heilende Wirkung in Ihrem Herzen entfaltet, und lächeln Sie Ihr Leben und den Augenblick voller Dankbarkeit an.

Stellen Sie sich vor, wie in Ihrer Vergangenheit eine lichtvolle Lemniskate, das Symbol der Heilung, des Schutzes und des Lichtes, sich entfaltet und in Ihnen ein wohliges Gefühl entsteht.

Nach der Arbeit an der Heilung der vergangenen Geschehen besinnen Sie sich nun auf die Gegenwart und auf das gegenwärtige Gefühl. Wie läuft das Leben jetzt?

Lächeln Sie alle Gefühle und Gedanken an, welche in Ihnen hochkommen, welche Sie zum gegenwärtigen Zeitpunkt beschäftigen.

Stellen Sie sich vor, wie in allem, was Sie gerade beschäftigt, ebenfalls eine lichtvolle Lemniskate sich entfaltet und wie in Ihnen ein friedvolles Gefühl entsteht.

Werfen Sie nun einen Blick auf Ihre Zukunft. Senden Sie ein Lächeln nach vorne, und spüren Sie, welcher Zukunftsimpuls in Form eines inneren Rufs Ihrer Bedürfnisse und Zukunftsziele in Ihnen hochkommt.

Segnen Sie alles, und spüren Sie, dass auch dies zu Ihrem Seelenplan dazugehört und dass es sich erfüllen wird.

Schicken Sie durch Ihr Lächeln auch in Ihre Zukunft das heilende Symbol einer lichtvollen Lemniskate, welche wie eine Segnung wirken darf.

Spüren Sie die Zuversicht und die innere Sicherheit, dass Sie auf Ihrem Seelenpfad geführt werden und immer einen lichtvollen Prozess der Liebe und Freude durchlaufen, dass Sie lichtvoll sind und immer geliebt werden.

Empfangen Sie die Erkenntnis aus Ihrer Heilungsübung, und machen Sie sich bewusst, dass alles, was sich in Ihrer Vergangenheit gefügt hat, Ihrem Seelenplan entspricht. Verstehen Sie, dass das, was Sie in Ihrer Gegenwart beschäftigt, auch dazugehört und alle Erfahrungen und Geschehnisse, mithilfe der geistigen Welt, auf Ihrem lichtvollen Weg Sie weiterbringen werden. Erkennen Sie, dass Ihre Zukunft lichtvoll ist und der Segen Gottes über allem schwebt. Erkennen Sie, dass Sie geliebt werden und Sie Ihre Selbstliebe der All-Liebe Gottes näherbringt.

Spüren Sie großes Vertrauen in Ihr Leben und in Ihre Entscheidungen. Bewahren Sie sich Ihre Herzlichkeit, und erleben Sie die große lichtvolle Kraft, die Ihnen innewohnt.

Sagen Sie sich innerlich »Ich liebe mich«, und fühlen Sie es in Ihrem Herzen.

In dieser Liebe und Souveränität kommen Sie langsam zurück in den Alltag und strecken sich.

9 Glück, Fülle und Gesundheit im Seelenplan

Der Himmel ist voller Fülle, wir müssen dessen nur gewahr werden und sie in unserem Herzen Einzug halten lassen. Unser verinnerlichtes Lebensmotto sollte immer lauten: Lieber glücklich, reich und gesund als traurig, arm und krank.

Mag auch der Seelenplan einige »unangenehme« Begegnungen und gar Schicksalsschläge bereithalten, so sollten wir erkennen, dass dahinter das Potenzial einer großen Entwicklung und somit eines großartigen Fortschritts auf unserem langen, individuellen Weg vorhanden sein kann, wenn wir es zulassen und den lichtvollen Sinn dahinter erkennen können. Es obliegt also auch hier unserem freien Willen, wie wir damit umgehen. Wir können darin verzweifeln oder im göttlichen Vertrauen in Liebe unseren lichtvollen Weg fortsetzen und den Sinn des Seins noch mehr erkennen und in Liebe und Demut, in Achtsamkeit und mit Bewusstheit fortschreiten. Daher sollte in unserem unbewussten Gedankengut immer Glück, Reichtum und Gesundheit im tiefen Urvertrauen dominieren.

Wir sollen glücklich sein. Wenn ich die Engel frage, was wir tun sollen, damit sie mit uns zufrieden sind, so lautet die erste Antwort: glücklich sein! Es gibt keinen strafenden Gott, der jeden Schritt, jede Tat und womöglich noch jeden Gedanken überwacht und uns bestrafen will, wenn wir nicht unterwürfig und im Verzicht leben. Dies stammt von Autoritäten, die eine sehr lange Zeit die Menschen in unserer Kultur unterdrückten. Da diese Unterdrückung Jahrhunderte, ja, sogar Jahrtausende andauerte, konnte sich diese Meinung über die Generationen nicht nur in den Traditionen verankern, sondern auch in unseren Genen. Heute ist ein neues Bewusstsein in den Menschen erwacht. Dieses Bewusstseinserwachen ist zwar noch am Anfang und relativ neu, aber trotzdem schon überall zu spüren. Viele glauben heute den einst dogmatisch formulierten Vorgaben nicht mehr, die alle aus einer Zeit stammen, wo die Erde noch eine Scheibe zu sein schien und ein Gott von oben alles beobachtete und vermerkte.

Wir dürfen heute, ja, wir sollen sogar unseren eigenen Zugang zu Gott und den geistigen Welten finden. Wir dürfen und sollen frei sein, glücklich, gesund, erfolgreich und stark. Dann können wir uns auch von Herzen lieben und uns um uns, unsere eigenen Belange und die unserer Mitmenschen kümmern. Dann kann sich unser Seelenplan fast wie von selbst erfüllen. So können wir in dieser Inkarnation Meilenschritte schaffen auf dem Weg zur Erkenntnis und zur göttlichen All-Liebe. Der Seelenplan enthält keine Geißelungen, sondern soll dem Weg der liebevollen Freiheit dienen. Nur wer Liebe und Freiheit in sich trägt, kann auch Demut verspüren.

Wir alle sind Lichtwesen. Dies ist wissenschaftlich nachgewiesen. Der Biophysiker Professor Fritz Popp hat bereits vor vielen Jahren nachweisen können, dass alle lebenden Systeme Licht ausstrahlen und dass die Zellkommunikation mittels Licht (Photonen) geschieht. Es existiert auch ein Lichtverbund zwischen der DNS und den anderen Zellbestandteilen. Diesen Photonen wird die Hauptrolle bei der Steuerung der äußerst sensiblen biochemisch-stofflichen Prozesse zugeschrieben. Die geistige Welt ist an unserem lebensbejahenden und lichtvollen Dasein interessiert und stellt uns all das heilende Licht in unendlicher Fülle zur Verfügung. Für den Zugang, die Verteilung und das Wirken in unseren Zellen müssen wir uns selbst kümmern und dafür offen sein.

Jede körperliche Erkrankung hat eine Stauung im Energiefluss, jeder Schmerz ist auch ein Schrei der Seele. Es ist deshalb ganz wichtig, das heilende Licht in die erkrankten Bereiche zu leiten. Dies erfordert viel Vertrauen und Glauben an die eigenen Selbstheilungskräfte, aber aus tiefer Erkenntnis kann die Heilung stattfinden. Entscheidend ist nicht eine besondere Technik, sondern der richtige Bewusstseinszustand. Auch dabei kann die Unterstützung der lichtvollen geistigen Welt eine große Hilfe sein.

Einfluss der Gedanken und Gefühle. Wir sind unser eigener Heiler. Unsere bewussten und vor allem unbewussten Emotionen und Gedanken haben einen großen Einfluss auf unsere Gesundheit, da Psyche, Nervensystem und körpereigene Abwehr miteinander verknüpft sind und somit unsere Emotionen und unser Denken auf Organe, Drüsen und Zellen wirken.

Gesundheit erlangen wir, wenn es uns gelingt, die Kräfte des Körpers, des Gefühls und der Gedanken zu verbinden. Wenn die Gefühle und die Gedanken es zulassen, wenn wir die Zellen durchlichten können, können wir gesund werden und uns gesund erhalten.

Angst als Auslöser der Blockade. Auf die Frage, wie aus Angst Krankheiten entstehen können, erhielt ich von den himmlischen Welten folgende Antwort. Im Ursprung ist jeder Mensch so erschaffen, dass er von Licht durchflutet wird, dass er offen ist für die geistigen Impulse des Himmels und der göttlichen Führung und dass er zugleich ganz dem Leben auf der Erde positiv zugewandt ist. Wenn nun diese »Durchlichtung« blockiert wird auf irgendeine Weise, dann macht sich dieser »Mangel an Lichtkraft« in einem Organ oder an einem Körperteil durch Beschwerden bemerkbar.

Aber warum fließt weniger Licht? Schicken Gott oder die geistige Welt, die Engel oder das höhere Selbst uns weniger Licht? Oder blockieren die Eltern, die Nachbarn, die Vorgesetzten oder andere Autoritäten unser Licht? Oder gar die Ahnen oder Belastungen aus früheren Leben? Wie können solche Blockaden des Lichtflusses entstehen? Der Himmel gibt mir dazu eine klare Auskunft: Es sind unsere eigenen Ängste, die uns verschließen und dazu führen, dass wir uns verkrampfen und in blockierenden Mustern stecken bleiben. Diese Angstmuster führen dann zu Beschwerden und Leiden. Angst ist eine Vorstellung, eine Projektion. Sie besitzt zwar eine subjektive Realität, aber keine objektive. Selbst bei der Angst vor einer schlimmen Krankheit, bei der Angst vor dem Sterben und dem Tod, handelt es sich immer um Vor-Stellungen, nicht um Wirklichkeit. Wir hegen Ängste, eben weil wir nichts Genaues und Gesichertes über das Sterben wissen und das, was nach dem Tod kommt. Wir haben vielleicht Angst vor einer schlimmen Krankheit, obwohl oder weil wir nicht wissen, dass sie überwunden werden könnte.

Wenn wir kein Urvertrauen besitzen, reagieren wir auf Neues und somit Unbekanntes oftmals unbewusst mit Ängsten. Ängste wiederum hindern uns, unsere Einheit mit dem göttlichen Licht zu erkennen und ganz aus dieser Kraft zu leben.

Energetische Blockaden durch bewusste wie auch unbewusste Ängste sind häufig Ursachen für Krankheiten, deshalb sollte ein Mensch sich auch immer mit seinen Selbstheilungskräften auseinandersetzen. Ängste spalten uns ab, sie hindern uns daran, unsere Einheit mit allem, vor allem mit dem göttlichen Licht, welches uns bis in die Zellebene durchdringt und für Harmonie und Gesundheit sorgt, zu erkennen und in dieser Kraft zu leben und daraus zu schöpfen. Die Angst vor dem Tod ist ein Spiegelbild der Angst vor dem Leben. Angst ist die Sorge, statt Fülle würde Mangel eintreten, statt des Lebens der Tod, statt unseres Seins ein Nichtsein erfolgen, ein Ausgelöschtwerden. Viele Menschen haben Angst vor dem Tod, weil sie sich der Fülle des Lebens »danach«, des Weiterlebens im Jenseits, nicht bewusst sind. Weil sie noch nicht erkannt und begriffen haben, dass wir alle göttliches Licht und somit unsterblich sind. Aus vorhandenen Ängsten entstehen dann weitere Ängste, z.B. Existenzängste, Angst vor Einsamkeit, vor Entwicklung, vor Hilflosigkeit usw. Wenn wir Vertrauen und Liebe zulassen, können wir die Ängste schnell überwinden, denn Angst ist der Gegenpol von Vertrauen und Liebe. Bei tief sitzenden Ängsten ist Vertrauen in die göttliche Führung wichtig. Der Seelenplan beinhaltet den Weg zur Überwindung der Ängste hin zur Liebe.

Nehmen Sie sich so an, wie Sie sind, und werden Sie sich bewusst, dass Gott Sie liebt und Sie immer von den Engeln beschützt sind. Ich empfehle Ihnen zur Stärkung des Urvertrauens täglich eine Segnung für sich und Ihre Gesundheit:

»Liebe lichtvolle geistige Welt, liebe Engel, ich bitte um Segen für mich und meine Gesundheit.

Lehrt mich tiefes Vertrauen in die Schöpfung, und führt mich durch meinen lichtvollen Seelenplan. Helft mir stets, meinen Weg zu finden.

Amen.«

Wichtig ist die Achtsamkeit, vor allem den eigenen Gedanken gegenüber, und die Selbstwahrnehmung. Wer selbst erspüren kann, was seinem Wohlbefinden dient und auf ihn heilsam wirkt, kann seinen inneren Heiler aktivieren und seine individuellen Selbstheilungskräfte einsetzen. Nachweislich produzieren Menschen, die in sich freudig und ausgeglichen sind, mehr Immunzellen. Das sind Menschen voller Vertrauen dem Leben und auch einer eventuell vorhandenen Krankheit gegenüber; Menschen, die stets an das Positive glauben und von ihrer Heilkraft und ihrer göttlichen Anbindung überzeugt sind. Hingegen werden bei Menschen, die kein Urvertrauen besitzen und sich eher in Angst und Hilflosigkeit befinden, verstärkt Stresshormone produziert, und die Bildung von Immunzellen wird unterdrückt. Freude, Geborgenheits- und Glücksgefühle bewirken die Ausschüttung von Glücksbotenstoffen, wie Endorphinen und Serotonin, die wiederum einen positiven Einfluss auf die körperliche Abwehr haben.

Das innere Kind. Für unseren Gesundheitszustand spielt das Unterbewusstsein, auch das »innere Kind« genannt, eine große Rolle. Als das »innere Kind« bezeichnet man die Verletzungen auf der Gefühlsebene, die als Verhaltensmuster zum Schutz der Seele im Unterbewusstsein abgespeichert werden. Wenn der Mensch sie im Tagesgeschehen als dieses Muster wiedererkennt, will er dem gleichen Schmerz aus dem Weg gehen. Hauptsächlich entstehen diese unterbewussten Muster durch negative Prägungen im bisherigen Leben, ganz besonders in den ersten Lebensjahren. Das Unterbewusstsein versucht, uns auch in späteren Jahren mit diesen frühkindlichen Mustern zu schützen, es wird quasi nie erwachsen, deshalb die Bezeichnung »inneres Kind«. Heilung des inneren Kindes sollte durch geistige Erkenntnisse und vor allem durch Zunahme des Urvertrauens erfolgen. Ohne aktive Bewusstseinsentwicklung ist der Kontakt zur Intuition und zum Seelenplan blockiert, weil der Mensch mehr in die Vergangenheit schaut und nur in der Lage ist, die ihm bereits bekannten Dinge zu erkennen, und für das Neue, Lichtvolle »blind« ist.

Ich erlebe es immer wieder, dass manche Menschen nach Kursen lichtvoll und wie euphorisch sind und sich an einer spontanen Heilwerdung erfreuen. Andere dagegen können solche Erlebnisse nicht verzeichnen, weil sie den Prozess der Heilwerdung, der auch mit Vertrauen und Loslassen zusammenhängt, nicht so schnell vollziehen können. Der Prozess der Heilwerdung und Ganzwerdung ist ein persönlicher Entwicklungsweg. Stellen Sie sich vor, dass jemand ein bestimmtes Ziel erreichen möchte, aber ganz langsam vorankommt, weil der Weg mal sehr steinig, mal sehr sumpfig ist. Jedes Mal, wenn er an eine neue Wegbiegung gelangt, hofft er, dass sich dahinter die Landschaft endlich öffnet und der weitere Weg leicht und schön ist, und wird dabei häufig enttäuscht. Und doch kommt dieser Mensch immer weiter voran, er kommt seinem Ziel immer näher. Sollte er denn jetzt umkehren? Sollte er sagen, dass er nicht mehr weiter auf diesem Weg geht, obwohl ihn der Weg doch immer näher an sein Ziel führt? Für jeden Menschen reift jedoch der Tag heran, an dem er entweder den Durchbruch auf der äußeren Ebene erlebt und sein Ziel der Heilwerdung erreicht oder an dem er sein inneres Ziel erreicht, sich und sein Leben ganz anzunehmen, auch dann, wenn eine körperliche Heilung (noch) nicht oder nicht vollständig erfolgt.

Selbstverständlich ersetzt die Heilarbeit mit himmlischen Kräften nicht eine medizinische Diagnose und Therapie. Die geistige Arbeit kann jedoch Seele und Geist erfüllen und Selbstheilungskräfte stärken.

Ich empfehle folgendes Heilungsgebet:

»Ich bitte Gott, mich erkennen zu lassen, wie ich Frieden, Licht und Liebe in mir finde.

Wie ich mich und meinen Körper, so, wie ich bin, akzeptieren und lieben kann.

Ich verbinde mich mit dem göttlichen heilenden Licht und bin im Einklang mit der Ganzheit und mir selbst.

Mein Körper wird mit jedem liebevollen Gedanken von himmlischer Heilkraft durchflutet.

Ich vertraue auf Gottes Gnade und bin mir meiner Vollkommenheit bewusst.

Ich nehme in Liebe und Vertrauen mich und mein Leben an und öffne mich für die göttliche Führung.

Ich weiß, dass alles, was ich für mein Heilsein und meinen lichtvollen Weg benötige, da ist.

Ich bitte Gott um Führung auf meinem Weg, den ich in Liebe und Achtsamkeit gehe.

Ich bin bereit, meinem lichtvollen Seelenplan zu folgen und die Liebe in allen Lebensbereichen zu leben.

Ich vertraue auf Gottes Gnade und meine Stärke, dass alles sich heilsam entwickelt.

Ich lebe vom Herzen und gestalte lichtvoll und heilsam und voller Dankbarkeit mein Leben.

Amen.«

Neben Gesundheit sind auch Liebe, Glück und Reichtum Grundlagen für ein erfülltes Leben. Wenn wir Heilung in uns bewirken, geschieht das nicht nur in Richtung Gesundheit, sondern es schließt auch alle anderen Lebensaspekte wie Partnerschaft, privaten und geschäftlichen Erfolg, inneren und äußeren Reichtum mit ein. Es geht immer darum, unbewusste Blockaden lichtvoll zu korrigieren, die geistige Anbindung und das Urvertrauen zu stärken und die Resonanz für Fülle aufzubauen. Wir müssen uns zunächst fragen, was wir unter dem Sinn des Lebens verstehen und ob unsere Lebensführung mit unserem Seelenplan übereinstimmt. Besteht vielleicht unser Leben vorwiegend darin, möglichst viele materielle Güter anzuhäufen, und/oder vielleicht im kraftraubenden Hinterherjagen von Erfolg und Ansehen? Streben wir vielleicht zu sehr oberflächliche Spaß- und Genussmomente an? Wir müssen erkennen, dass Werte wie Ansehen und Karriere uns nur dann eine Erfüllung und Befriedigung vermitteln können, wenn sie sich im Einklang befinden mit sozialen, familiären und spirituellen Werten, die identisch mit dem Seelenplan sind. Die Erfüllung materieller Wünsche mag für eine kurze Zeit ein angenehmes Gefühl verursachen, sie hat aber keinen Einfluss auf das Seelenempfinden; sie können die Seele niemals erfüllen. Hinzu kommt, dass jeder Wunsch sogleich einen anderen Wunsch nach sich zieht. Wenn man den Wünschen hinterherhetzt und nur noch sieht, was man nicht hat, aber scheinbar benötigt, kann man schnell in eine Spirale geraten, die unglücklich macht.

Anders ist es bei der spirituellen Sinnsuche. Hier geht es nicht um das Materielle, sondern um die echte Sinnsuche. Nach Urvertrauen, Ehrlichkeit, Gottverbundenheit, Eigen- und Nächstenliebe, persönlichem Wachstum und echter Freundschaft. Dies sind wahre Werte, bei denen man vermehrt wiederbekommt, was man hineingibt.

Die Wege sind individuell. Das Leben ist vielfältig und hat viele Aspekte. Alle haben ihre Gültigkeit und Wertigkeit, alle stehen für eine Seite der Polarität, jeder muss selbst erkennen, was ihn persönlich erfüllt. Jeder muss selbst seine Wünsche und Ansprüche an sein Leben definieren. Erfüllung kann nur der finden, der authentisch ist. Ein Mensch, der anderen und sich selbst vorspielt, was er nicht ist, wird niemals zu einer Erfüllung und wahrhaftigem Glück gelangen können.

Jeder Mensch ist wunderbar, und jeder hat seinen eigenen Weg festgelegt im individuellen Seelenplan. Jeder besitzt individuelle Talente, eigene Vorstellungen, Bedürfnisse und einen eigenen Charakter. Wir können unser Leben nicht mit dem von anderen Menschen vergleichen, denn jeder hat sich seine individuellen Aufgaben für dieses Leben vorgenommen, und somit gleicht kein Seelenplan und kein Schicksal dem anderen. So ist bei jedem von uns der Sinn des Lebens etwas anderes und Einzigartiges. Tiefe innere Zufriedenheit, Erfolg, Reichtum, Erkenntnis und Sinnfindung werden sich dann einstellen, wenn wir ganz auf unser Herz hören, wenn wir erkennen, wer wir sind, was für uns wichtig ist und uns und unserer Seele Frieden bringt.

Werfen wir hemmende Einflüsse über Bord, befreien wir uns von gesellschaftlichen Zwängen, von falschen Lehren und Prägungen. Seien wir uns unserer Schönheit, Liebe, unserer Talente und Fähigkeiten bewusst, und erkennen wir die himmlische Hilfe, die uns dann zuteilwerden kann. Missgunst und Neid blockieren uns, während Güte und Wohlwollen, die Freude über das Glück und den Erfolg der anderen uns selbst in Resonanz mit Glück und Erfolg bringt und wir diese so mit Leichtigkeit anziehen.

Bringen Sie Klarheit in Ihre Gedanken, bauen Sie Ruhephasen zum Abschalten des Denkens in den festen eingefahrenen Mustern ein, durch Meditation, Gebet oder einen Spaziergang in der Natur. Werden Sie sich über den tiefen Sinn Ihres Lebens, Ihrer persönlichen Ziele und Werte bewusst, und setzen Sie sie mit Selbstvertrauen und Gottes Hilfe um. Machen Sie sich bewusst, dass bei allen Vorhaben diese rein und lichtvoll sind, Sie sich ganz auf die Hilfe der geistigen Welt verlassen können. Ich wünsche Ihnen, dass Sie ein glückliches, heilsames und erfolgreiches Leben gestalten, das von Liebe und Mitgefühl und tiefem Vertrauen geprägt ist.

10 Der Tod im Seelenplan

Das Sterben

Der tatsächliche Zeitpunkt des Todes steht nur in einigen Fällen bereits bei der Geburt fest, ist also meist nicht schicksalhaft vorherbestimmt. Denn das größte Geschenk, das Gott dem Menschen macht, ist der freie Wille, und damit bestimmt er selbst – wenn auch meist unbewusst – sein Leben. Wäre alles vorbestimmt, würde also auch der Todeszeitpunkt generell bereits bei der Geburt feststehen, dann wäre das eigene Handeln, also der freie Wille, sehr stark eingeschränkt, und wir könnten nur als eine Art Marionette fungieren. Doch gerade der freie Wille spielt beim Zeitpunkt des Übergangs in die himmlischen Dimensionen eine große Rolle. Der Mensch inkarniert auf der Erde, um hier in diesem Leben vorgenommene Erfahrungen im Miteinander, in Polarität und Resonanz zu machen. Diese Erfahrungen dienen der lichtvollen Bewusstseinsentwicklung hin zur befreienden All-Liebe. Da dem Menschen bereits im Mutterleib, also vor seiner Geburt, durch den Schleier des Vergessens die Möglichkeit der Rückschau verloren ging, ist er selbst nicht mehr in der Lage, sich an den im Jenseits erstellten Seelenplan für diese Inkarnation zu erinnern. Die Geistes- und Seelenkräfte wie auch der Schutzengel bleiben jedoch damit verbunden.

Dauer des Lebens je nach Entwicklung. In der geistigen Welt haben wir uns unsere Familie und unsere Kultur ausgesucht, aus denen sich die Schicksalskräfte entwickeln. Unser Umfeld bestimmt mit, wie wir erzogen werden, welche Werte wir vermittelt bekommen, welchen Beruf wir später ausüben usw. Über das Resonanzprinzip werden nun im Ereignisfeld Glück oder Unglück, Vertrauen oder Misstrauen, Gesundheit oder Krankheit, Freude oder Leid, Liebe oder Angst, Erfolg oder Misserfolg und vieles mehr angezogen oder abgestoßen, entsprechend dem Wirkprinzip der eigenen unbewusst vorherrschenden Gedanken und den daraus resultierenden Verhaltensmustern. Das Leben dauert meist so lange, wie der Mensch noch seelische und geistige Entwicklungsschritte machen und Erkenntnisse dazugewinnen kann. Dies kann aktiv durch geistige Schulung, durch liebevolle Handlungen geschehen, aber auch passiv durch ertragenes Leid, in schweren Krankheiten, ja selbst in Siechtum und Demenz können noch Erkenntnisse und Empfindungen die Seele prägen. Wenn ein Entwicklungsstillstand eingetreten ist, und dies kann oftmals schon in frühen Jahren geschehen, beginnt die Seele, sich aus diesem Leben zu verabschieden.

Manche Menschen spüren im Verlauf ihres fortgeschrittenen Lebensalters, dass die Zeit auf Erden langsam zu Ende geht, das heißt, dass ihre Seele genug Möglichkeiten für persönliche Erfahrungen hatte und das irdische Leben zum Abschluss gelangen will. Sie spüren, dass es nicht mehr so lange dauern wird, und treffen Vorkehrungen, schreiben zum Beispiel ein Testament und räumen ihre Wohnung gründlich auf.

Andere Menschen wiederum stehen zwar mitten in ihrem Leben, stecken jedoch lange Zeit in einer »Sackgasse«; sie sind unzufrieden mit ihrem Leben, haben den falschen Beruf gewählt, leben keine erfüllende Partnerschaft oder haben eine Krankheit. Sie bekommen zwar wiederholt die Möglichkeit, wieder auf ihren Seelenweg zurückzukehren. Doch sie sind festgefahren auf einem Weg, den sie kennen und der ihnen vermeintlich Sicherheit gibt. Es kann in einem solchen Fall durchaus sein, dass die Seele, da der Mensch seinen Weg nicht korrigieren kann, den Tod als den Fluchtweg sieht und diesen anzieht, um eine Entwicklung in den jenseitigen Welten fortzuführen.

Manche Menschen haben Träume über den Tod, was sie ängstigt. Wenn es in Träumen um den eigenen Tod oder um das Ableben naher Angehöriger geht, können dies Hinweise darauf sein, den Lebensweg zu segnen, mit sich und anderen liebevoll umzugehen, im Leben achtsamer zu werden oder gar im Außen etwas zu verändern, um einen lichtvollen Weg einzuschlagen. Alles dient der Bewusstwerdung.

Man erlebt auch oft, dass Ehepartner kurz nacheinander sterben. Dies kann, muss aber nicht bedeuten, dass beide Seelen dies vereinbart hätten. Es kann auch daran liegen, dass der verbleibende Partner die Trauer nicht verarbeiten kann und deshalb verstirbt.

Es gibt noch andere Todesfälle, die nicht vorbestimmt sein müssen, das gilt besonders für Todesfälle, die einen technischen Hintergrund haben, zum Beispiel durch einen Autounfall. Doch auch bei solchen nicht vorbestimmten Schicksalsfügungen gilt, dass letztendlich hinter allem die göttliche Liebe steht, die alles durchdringt und beseelt, und dass wir in Gott Verständnis, Liebe, Trost und Frieden finden können.

Entwicklung in mehreren Inkarnationen. Es ist für einen Menschen kaum möglich, alle für dieses Erdenleben geplanten Entwicklungsschritte innerhalb dieser einen Inkarnation zu vollziehen. Vielmehr sind dafür oft mehrere Inkarnationen nötig. Solange innerhalb dieses Lebens noch Erfahrungen gesammelt werden können, die der Entwicklung dienlich sind, so lange hält der Mensch Kontakt zu seinem Seelenplan, gleichgültig, wie weit er von ihm abgewichen ist. Solange dies der Fall ist, so lange ist dieses Leben für die Seele noch wichtig. Im Verlauf des Lebens zeigt es sich, wie weit der Mensch authentisch bleibt und seinem Seelenplan folgen kann bzw. wie weit ihn Intellekt, Ego und Versuchungen vom ursprünglich geplanten Weg abbringen konnten. Hieraus werden die Schicksalsfäden gesponnen, welche das weitere Leben und dessen Verlauf bestimmen.

Um dem ständig latent vorhandenen Ruf des Herzens und den Impulsen des Schutzengels, die uns dauerhaft an die Erfüllung unseres Seelenplans erinnern, zu folgen, benötigen wir neben Achtsamkeit und spirituellem Bewusstsein vor allem die

Umsetzung der Tugenden Liebe, Demut, Dankbarkeit usw. Aus der Sicht der Seele bleibt der Mensch also so lange auf dieser Erde, wie sein Aufenthalt der Entwicklung der Seele noch dienlich ist.

Es ist sicherlich vieles vorbestimmt, doch die Lebenszeit auf der Erde ist selbstverständlich in erster Linie durch den natürlichen Alterungsprozess begrenzt, und auch nicht jede Krankheit, Hungersnot und nicht jeder Unfall muss im Seelenplan festgelegt sein. Doch kann dahinter eine Richtungsweisung stehen. Manche Menschen erhalten durch eine Nahtoderfahrung eine zweite, lichtvolle Chance für die Erfüllung ihres Seelenplans.

Es gibt auch viele andere Gründe für einen verfrühten Todeszeitpunkt, den die Menschen unbewusst einleiten und den sie nicht steuern können. Hinter vielen Todesfällen steckt also ein tieferer Sinn. Wir können ihn allerdings nicht immer verstehen. Der Mensch ist von Natur aus wahrheitssuchend und möchte alles erforschen und verstehen. Die Seele hat aber manchmal ihren eigenen Weg aus einer höheren Warte. Mögen wir also mit diesem sensiblen Thema niemals einseitig oder dogmatisch umgehen, sondern offen und voller Verständnis, Mitgefühl und dem tiefen Bewusstsein, dass wir alle in Gott aufgehoben sind.

Mögen wir in solchen Fällen nicht ablehnend vom Zufall oder vom zwingend vorbestimmten Schicksal reden. Ein bewusstes Leben führt zu einem lichtvollen Umgang mit dem Thema Tod. Denn Leben und Tod sind dasselbe, wenn man es aus der Sicht des Losgelöstseins, des Vertrauens, des inneren

Rufs und der liebevollen Resonanz heraus betrachtet. Die Seele findet immer ihren Weg zurück in ihre göttliche Heimat.

Manchmal müssen wir auch akzeptieren, dass auch junge Menschen sterben. Wir sollten uns vergegenwärtigen, dass sie vielleicht deshalb gestorben sind, weil sie ihre Aufgaben schon früh erfüllt haben und deshalb ins Licht gehen können.

Übergang und Aufstieg in die jenseitigen Welten

Wenn das Leben auf der Erde sich dem Ende zuneigt, macht die Seele bereits im Vergehen und danach in den jenseitigen Welten noch weitere Schritte in der Erfüllung des Seelenplans. Der Sterbeprozess selbst, während dessen Körper, Seele und Geist sich immer mehr trennen, bietet eine große Chance für den Menschen, noch eine spirituelle Entwicklung zu vollziehen, die er in seinem bisherigen irdischen Leben nicht machen konnte oder nicht dazu bereit war.

Übergang ist für Spirituelle leichter. Dieser Übergangsprozess wird natürlich für die Menschen, die in ihrem Leben lichtvolle Seelenerfahrungen und Erkenntnisse erlebten und ihr Leben entsprechend lichtvoll und mit dem Seelenplan passend gestalteten, viel leichter und lichtvoller geschehen als für die Menschen, die sich nur an der Materie orientierten, sich darin eingerichtet haben, sich zu sehr mit ihrem Körper und ihren materiellen Bedürfnissen beschäftigten und die seelischen Bedürfnisse vernachlässigten und unterdrückten. Wer sich zeitlebens seiner Trias von Körper, Seele und Geist bewusst ist, seine

Verbindung zu seiner geistigen Heimat aufrechterhalten oder wiederfinden konnte, wer von Urvertrauen erfüllt ist und sich in Gott aufgehoben fühlt, dem wird es leichter fallen, seinen vergehenden Körper und alles, was ihm hier auf Erden wichtig und wertvoll war, in Liebe und Dankbarkeit loszulassen, die entstehende Leichtigkeit freudig zu verspüren, sich dem Neuen lichtvoll hinzugeben und sich ganz auf Gott, auf den Übergang und Aufstieg einzulassen.

Trennung von Körper, Seele, Geist. Im physischen Tod lösen sich Körper, Seele und Geist voneinander. Der Körper, der uns zeitlebens als Vehikel diente, bleibt in der Materie zurück, die Seele mit all ihren erlebten Emotionen und der Geist mit allen jemals gemachten Erfahrungen sind unvergänglich und bleiben bestehen. Durch das Vergehen des Körpers lösen wir uns immer mehr aus Raum und Zeit, da diese im Himmel nicht bestehen. Da unser Intellekt, der an das Gehirn gebunden war, und das Gehirn wiederum aus Materie besteht, wird dieser zwangsläufig auch zurückbleiben und uns im Himmel nicht mehr zur Verfügung stehen. Wir sind dann eine lichtvolle Seele in einer Dimension der Unendlichkeit ohne jegliche Begrenzungen.

Begleitung durch Schutzengel. Viele Engel, allen voran der Schutzengel, ebnen jeder Seele den Weg in diese lichtvollen Dimensionen, in den Himmel. Wie lichtvoll und in welcher Zeit sich der Übergang und der nachfolgende Aufstieg vollzieht, liegt an jedem Einzelnen selbst, die Unterstützung aus der geistigen Welt ist für alle gleich.

Der Schutzengel, der mit uns schon den Seelenplan für die nun vergehende Inkarnation gestaltete, der uns durch unser gesamtes Leben hindurch begleitete, unterstützt uns auch jetzt licht- und liebevoll während des Übergangs in eine andere Dimension und wird auch in der anderen Welt, im Himmel unserer Seele beistehen und uns niemals verlassen.

Der eigentliche Vergebungsprozess, der die Seele auch zunehmend auf die Geburt in einer neuen Dimension vorbereitet, hat einen fließenden Verlauf und geschieht in mehreren Schritten. Dies ist notwendig, damit die Seele noch verschiedene Entwicklungsschritte vollziehen kann, bevor sie den Körper endgültig verlässt.

Geist in der Akasha-Chronik. Die erste Stufe des Übergangsprozesses ist das Austreten des Geistes und dessen Aufsteigen in die Akasha-Chronik. Dieser Austritt und Aufstieg des Geistes geschieht innerhalb eines Tages. In der Akasha-Chronik speichert er das Wissen wie auch alle Erfahrungen aus allen bisherigen Leben und aus dem nun vergehenden der jetzigen Inkarnation ab. Der Geist verbleibt dort, bis die Seele irgendwann wieder den Wunsch zu einer Inkarnation verspürt, um dann wieder zusammen mit der Seele in einen neuen heranwachsenden Körper einzutreten für eine neue Entwicklungsreise.

Auf diese Weise entsteht von Inkarnation zu Inkarnation fortlaufend eine Zunahme des inneren Wissens.

Das Leben wie ein Film. Nachdem der Geist den Körper verlassen hat, beginnt vor dem Menschen sein ganzes Leben wie in einem Film abzulaufen. Er sieht rückwirkend sein Leben vornehmlich aus der Perspektive seiner noch ungelösten Emotionen. Er kann sich jetzt viel leichter seinen inneren Werten widmen, da er jetzt unverfälscht seinen Gefühlen gegenübersteht, denn durch die Abwesenheit des Geistes ist er pures Gefühl, und es gibt keine Ablenkung mehr durch seine Gedanken.

Wissen kehrt zurück. Die Seele kann während dieser Zeit eine großartige Entwicklung nachholen, der sie sich in ihrem bisherigen Leben nicht widmen konnte.

Der Schleier des Vergessens, der sich im Mutterleib über die inkarnierende Seele legte, damit der Mensch sich nicht in der Vergangenheit verliert und er sich ganz auf sein Leben in der Gegenwart konzentrieren kann, löst sich nun wieder auf. So sieht der Mensch zunehmend wieder in die geistigen Welten, die er dann oft nicht mehr deutlich von der irdischen Welt unterscheiden kann. So wird die Seele immer mehr auf die geistige Welt vorbereitet.

Der Zeitpunkt des Übergangs rückt nun näher, die Seele verlässt immer mehr den Körper. Der Körper wirkt in dieser Phase kleiner; daran kann man erkennen, dass es die Seele ist, die ihn belebt. Viele Engel erfüllen den Raum, und der Schutzengel steht vor der Seele und nimmt sie in seinen Flügeln auf, wenn sie bereit ist, den endgültigen Schritt über die Schwelle zu gehen.

Nun kommen weitere Engel, die wir im Volksmund als Sensenmann bezeichnen. Sie trennen (mit einer »Sense«) alte und noch bestehende energetische Verbindungen und Anhaftungen ab. Bald ist die Seele vollständig im Himmel angekommen.

Die Seele wird liebevoll von ihrem Schutzengel behütet, damit sie Schutz und Sicherheit verspürt in dieser neuen Dimension, außerhalb von Raum und Zeit, ohne Konturen und ohne Strukturen.

In Wut verstrickte Seelen. Viele Seelen werden sich noch einige Zeit in der Nähe der Verstorbenen aufhalten, damit ihnen verständlich werden kann, warum manche Dinge so verlaufen konnten, wie sie nun einmal verlaufen sind, und was die tiefere Ursache war. Andere Seelen machen sich direkt an den Aufstieg, aber es gibt auch einige, die so sehr in Wut und Aggression gefangen sind, dass sie weder den Schutzengel noch sonstige lichtvolle Wesen sehen können. Diese armen Seelen zieht es zu ihresgleichen in die unteren Dimensionen, die wir als Hölle bezeichnen. Hier finden sich all die Seelen, die völlig von ihrem vorgenommenen Seelenplan und ihrem Lebensweg abgekommen sind. Hier können Aggressoren wie grausame Diktatoren landen.

Gott liebt jede Seele. Aber auch hier bleibt der Schutzengel mit seinem Licht und seiner Liebe bei der Seele, um ihr den Weg ins Licht aufzuzeigen. Und wenn sie bereit ist, Liebe zuzulassen, wird auch sie den lichtvollen Aufstieg schaffen. Jede Seele findet den Weg ins Licht, und jede Seele wird gleichermaßen von Gott geliebt. Es findet hier kein Jüngstes Gericht statt, wie viele glauben, es gibt keinen Teufel, der die Seelen quält, es ist ausschließlich die Seele selbst, die ihr bisheriges Leben reflektiert und für ihr Weiterkommen aufarbeitet. Auch hier findet jegliche Entwicklung, wie bereits zu Lebzeiten, in uns selbst statt.

Nach dem Übergang ist Urvertrauen und der Glaube an Gott, an das lichtvolle Weiterkommen und das Einlassen auf den Schutzengel für den lichtvollen Aufstieg eine große Hilfe. Ängste und Zweifel irritieren und blockieren die Hinwendung zum Licht, wie es auch zu Lebzeiten geschieht.

Aufbau des Himmels. Um besser zu verstehen, wie der Himmel »aufgebaut« ist und wie der Aufstieg funktioniert, möge das folgende gedachte immaterielle Gebäudekonstrukt hilfreich sein. Stellen wir uns deshalb ein Gebäude vor, bei dem sich über einem Erdgeschoss noch weitere sieben Stockwerke befinden.

Erdgeschoss. Stellen wir uns nun also vor, jede Seele würde nach dem Übertritt in einem großen konturlosen Raum im Erdgeschoss ankommen. Hier muss sie sich nun ohne die bisherigen Sinne, ohne Körper und Intellekt zurechtfinden und tappt zunächst wie blind durch dichten Nebel. Hier benötigt sie Glaube, Hoffnung und Vertrauen, um sich auf den Schutzengel als Führer einzulassen. Sowie dies geschehen ist, beginnt der Aufstieg, die Seele begibt sich in die erste Etage.

Keller. Darunter befinden sich noch Kellerräume, hier wäre dann die Hölle, auf die ich hier nicht weiter eingehen möchte.

Ausführlich habe ich diese Dimensionen, auch die Hölle, den Teufel, das Fegefeuer, das Jüngste Gericht, in meinem Buch »Jenseitige Welten« beschrieben.

Hier sollte uns nur der Aufstieg in die oberen »Stockwerke« interessieren, wo der Seele jetzt im Prinzip die gleichen sieben Entwicklungsschritte wiederbegegnen, wie sie uns immer wieder im Leben begegnet sind, um den Seelenplan zu erfüllen und dort hoffentlich schon zu einem Großteil gelöst werden konnten.

Es handelt sich um die Entwicklungsschritte Erkenntnis, Verständnis, Vergebung, Vertrauen, Mut, Loslassen (von alten Emotionen) und Liebe.

Hier kann die Seele ihre blockierten Emotionen im vergangenen Leben wie auch in früheren Inkarnationen betrachten, sie vergleichen und erkennen, was sie lösen konnte, was sie gehemmt hat und wie die letzte Inkarnation sie in ihrer Entwicklung weitergebracht hat oder auch, was sie vielleicht versäumt hat. Wenn die Seele letztendlich zu der Erkenntnis finden kann, dass mit Liebe und Demut sich fast alles lösen und machen lässt, dann hat die Seele in der vergangenen Inkarnation einen gewaltigen Entwicklungsschritt hin zur All-Liebe machen können.

Der Aufstieg beginnt nun über die sieben Astralebenen bzw. Dimensionen. Die sieben Schritte bedingen sich hier gegenseitig. Je höher wir aufsteigen, je mehr wir aus der Resonanz treten können, je mehr Emotionen wir erlösen, desto leichter und freier werden wir uns fühlen und desto lichtvoller werden wir.

Jede Seele steigt nun von »Ebene« zu »Ebene« auf. Im göttlichen Plan ist vorgesehen, dass sie alle Dimensionen durchlaufen und sich wandeln muss, um als geläuterte Seele nach der siebten Dimension, der Dimension der Liebe, zu entscheiden, wie und wo sie ihre Entwicklung fortsetzen möchte. Sie kann sich im Himmel entwickeln, sie kann sich auch irgendwann oder auch sofort wieder zu den Menschen auf der Erde gesellen, um mit einem neuen Seelenplan hier erneut in der Materie in Raum und Zeit, in Resonanz und Polarität ihre Erfahrungen zu machen und ihre Erkenntnisse zu erweitern und so ihre Entwicklung voranzubringen. Durch das Durchlaufen aller sieben Himmelsdimensionen ist sichergestellt, dass jede Seele, die auf der Erde inkarniert, eine lichtvolle und liebevolle Seele ist. Es ist ausgeschlossen, dass ungeläuterte Seelen inkarnieren.

Dimension Erkenntnis. In der ersten Dimension geht es um die Erkenntnis. In diesem Himmelsbereich gibt es weiß-blaue Engel, die die Seele in Form eines Kreises umgeben, Ruhe vermitteln und ihr helfen, hier im neuen »Leben« anzukommen. Hier muss die Seele erkennen, dass das Leben auf der Erde vorüber ist und es neue Ziele gibt. Hat sie dies vollständig akzeptiert, kann nun der weitere Aufstieg ins Licht beginnen.

Spätestens jetzt nach unserem irdischen Ableben müssen wir uns mit dem Loslassen auseinandersetzen. Wir konnten nichts Materielles mitnehmen und sollen nun auch unsere Emotionen loslassen und uns mit Vertrauen auf das Neue einlassen.

Wenn eine Seele schon während des Erdenlebens gelernt hat, sich nicht zu sehr an materiellen Errungenschaften und

Personen und Emotionen festzukrallen, sondern vielmehr in Liebe loslassen konnte, dann hat sie sicherlich ein freies und freudiges Leben geführt.

Dimension Verständnis. In der zweiten Himmelsdimension geht es um das Verständnis. Hier findet dann die eigentliche Lebensrückschau statt. Die Engel an diesem Ort erstrahlen in grünem Licht und unterstützen die Seele bei der emotionalen Aufarbeitung des vergangenen Lebens. Hier läuft in einer Rückschau der Lebensfilm ab. Hier erkennt die Seele, warum die Dinge so sind, wie sie sind, und wie und warum gewisse Begegnungen stattfanden und warum sich die Menschen so verhielten, wie sie es taten. Hier findet die intensive Aufarbeitung der vergangenen Inkarnation statt; in den weiteren Dimensionen geht es dann noch um Emotionen, die zu heilen sind, nicht mehr um die gesamte Lebensaufbereitung wie hier.

Hier erkennt die Seele, wie weit ihr Verhalten und die gemachten Erfahrungen des letzten Lebens sie weiterbrachten oder ob, vielleicht schon zum wiederholten Male, wichtige Entwicklungsschritte versäumt wurden. Die Seele muss alles Unerledigte nun mit sich selbst ausmachen, und zwar ausschließlich über ihre Emotionen. Zu Lebzeiten haben wir einen Körper, eine Stimme, einen Geist und einen Intellekt. Wir können uns dort erklären, aussöhnen und Veränderungen herbeiführen. Deshalb sollte sich der Mensch gut überlegen, wo Aussprache, Verständnis, Verzeihen und Versöhnen sinnvoll ist, um selbst lichtvoll und im inneren Frieden im Jenseits anzukommen.

Dimension Vergebung. Die dritte Himmelsdimension steht für die Vergebung. Hier tun violette Engel ihren Dienst. Sie helfen der Seele bei der Entwicklung von Demut und Vergebung. Sie stehen betend in zwei Reihen neben der Seele und zeigen die Vergebungsschritte auf. Wenn die Seele etwas vergeben konnte, dann präsentieren ihr diese Engel die nächsten Vergebungsschritte. Dies geht so lange, bis die Seele alles, was noch ungelöst war, verarbeiten, und so viel, wie sie bereit war, vergeben konnte.

Streitigkeiten, Unzufriedenheit, Ablehnungen usw., vor allem das unreine Gewissen der Seele wollen hier emotional gelöst und vergeben werden, damit die Seele zu ihrem Frieden findet.

Ereignisse, die hier nicht vergeben und losgelassen werden können, werden bei der Festlegung des künftigen Seelenplans mit einfließen und als Karma in künftigen Inkarnationen über die nicht gelöste Resonanz gewisse Geschehnisse in das Ereignisfeld ziehen, die dann für die Seelenentwicklung noch notwendig sind. Es ist deshalb wichtig, bereits auf Erden beengende Gedanken- und Gefühlsmuster licht- und liebevoll in Toleranz und Verständnis zu wandeln, zu verstehen und zu verzeihen, vor allem sich selbst.

In Liebe geklärte und losgelassene Beziehungen unter Menschen sind die Grundlage, um in Zukunft Positives anzuziehen.

Dimension Vertrauen. In der vierten Himmelsdimension geht es ums Vertrauen. Hier ist vor allem das Urvertrauen gemeint, also Vertrauen in Gott und die Schöpfung, in das Licht und in

die gegebene Situation, Vertrauen zu sich selbst, in den Schutzengel und Vertrauen darauf, dass es lichtvoll weitergehen wird.
Engel in weißem Licht nehmen der Seele die beschwerlichen
Emotionen ab, die die Seele daran hindern, sich ganz ins Vertrauen zu begeben. Da Vertrauen für viele Menschen bereits zu
Lebzeiten schwierig war, fällt es hier oft auch der Seele schwer,
sich ganz im Vertrauen in Gott fallen zu lassen. Dies bedeutet,
ganz die Kontrolle aufzugeben. Zu Lebzeiten fällt uns dies oftmals schon schwer, die Kontrolle über die Dinge, die uns eine
scheinbare Sicherheit gibt, loszulassen. Je mehr wir hier auf der
Erde Vertrauen entwickeln, umso leichter wird es uns später
fallen, in dieser Dimension unsere Aufgabe für unser Weiterkommen zu lösen. Wir sollten in allen Geschehnissen im Nachhinein einen lichtvollen Sinn erkennen, dann können wir Belastungen und Angst loslassen und bereits auf Erden in innerer
Leichtigkeit im Vertrauen leben.

Dimension Mut. Mut bedeutet hier, sich auf Neues, Unbekanntes einzulassen, um den Schritt ins Licht zu tun. Hier gibt
es Engel, die im roten Licht strahlen und der Seele mit sanften
Bewegungen Mut geben, sich weiter, immer nach vorne zu
bewegen.

In dieser Dimension benötigt die Seele auch den Mut, einen
sehr großen Schritt ins Unbekannte zu wagen. Hier heißt es,
auch noch den letzten Rest an einer gewissen »Erdenschwere«
loszulassen und den Mut aufzubringen, ganz dem Ruf des reinen, erfüllenden Lichtes zu folgen und darin aufzugehen.

Bis hierher hat die Seele noch eine gewisse Ähnlichkeit mit der Menschenform zu Lebzeiten. Nachdem sie hier den Mut aufgebracht hat, den großen Schritt ins Licht, ins Neue zu vollziehen, wird sie selbst lichtvoller, und sie wird ihre noch menschenähnliche Form ganz aufgeben und selbst zu einem wundervollen Licht erstrahlen.

Dimension Loslassen. In dieser sechsten Dimension geht es um das Loslassen. Dies bedeutet, alles Vergangene, Erwartungen und Befürchtungen loszulassen. Hier arbeiten helfend Engel in weißem Lichterglanz, indem sie alle Belastungen, die die Seele loslässt, aufnehmen und zu Licht transformieren. So kann die Seele sich in neuem Glanz erfahren. Der Seele wird mehr und mehr bewusst, dass sie ein Teil der lichtvollen geistigen Welt ist, und sie beginnt, in ihrer wahren Heimat wieder anzukommen. Das Loslassen ist ein großer Schritt in ihrer emotionalen Entwicklung, in einen erlösteren und noch feinstofflicheren Seelenzustand.

Sie muss nun nach und nach die letzten irdischen Emotionen, die sie noch beschäftigen, um in eine höhere Schwingung zu gelangen, loslassen, da nur so das weitere Aufsteigen möglich ist. Mit dem Loslassen sieht es hier im Himmel für die Seele ähnlich aus wie bei uns auf Erden. Je mehr wir dem weniger Licht- und Liebevollen hinterhergrübeln, umso mehr hindern wir uns selbst am Vorwärtskommen und dem Lebensgefühl der Leichtigkeit. Wenn wir den inneren Kampf und Krampf bereits auf Erden erlösen, so können wir bereits im Hier und Jetzt unsere innere Freiheit genießen.

Dimension Liebe. In der siebten und obersten Stufe der oberen Astralwelt, dem siebten Himmel, geht es um die Liebe. Hier geht es für die Seele darum, alles in Liebe zu betrachten, Liebe zu spüren und Liebe zu sein. Dies wird möglich, wenn die Seele in allem, vor allem in sich selbst, die Schönheit und das Licht erblickt.

Hier unterstützen sie Engel in rosafarbenem Licht. Sie stehen in einem Kreis um die Seele und lobpreisen sie mit der Botschaft, sie möge sich in Gott erkennen.

Die Seele hat nun eine große lichtvolle Entwicklung hinter sich und ist nun vollkommen reines Licht. Das Erkennen und Erleben der Liebe erfüllt sie. Sie erkennt, dass sie nichts besitzen kann und auch nichts besitzen will und dass sie sich selbst genug ist. Diese Erkenntnis gibt der Seele ihre Freiheit zurück. Wenn wir es schaffen, bereits hier in unserem Leben zunehmend in reiner Liebe zu sein, erkennen wir, dass wir niemandem gefallen müssen und dass auch uns niemand gefallen muss. Dies führt zu einem erfüllten, freien und authentischen Lebensgefühl.

Nach dem Durchgang durch all die sieben Himmelsdimensionen, die der Entwicklung und Läuterung der Seele nach dem irdischen Leben dienen, ist die Seele nun frei in ihrer Entscheidung, welchen Aufenthaltsort sie für ihre weitere Entwicklung favorisiert. Wenn sie sich lichtvoll wahrnimmt und keine Identifizierung mit dem Menschsein hat, wird sie sich wohl dazu entscheiden, in den Himmelssphären zu verbleiben. Sie kann aber auch erkennen, dass sie in der letzten Inkarnation zu wenige Entwicklungen, die sie im Seelenplan vorgenommen hat, umsetzen und somit keine wesentlichen Fortschritte auf dem Weg der Liebesfähigkeit machen konnte. Dann wird voraussichtlich die Sehnsucht vorherrschen, dies in einer erneuten Inkarnation zu erlösen. Sie wird also wieder ihren Fokus Richtung Erde lenken, um hier im Miteinander und Mitgefühl ihre Liebesfähigkeit weiterzuentwickeln. Sie wird dann mit ihrem Schutzengel, der in diesem Fall wieder der gleiche sein wird, gemeinsam erneut einen Seelenplan erstellen, die für die neuen Vorhaben sinnvollsten Bedingungen auswählen, um dann die Reise erneut anzutreten.

Eine Seele kann sich auch derart licht- und liebevoll empfinden, dass sie sich in den Himmelsgefilden wohl und zu Hause angekommen fühlt. Sie wird dann in den himmlischen Dimensionen verbleiben. Sie fühlt sich dort in dieser lichten Welt frei und kann ohne Emotionen alle gemachten Erfahrungen ihrer bisherigen Erdenleben betrachten und vergleichen und in Liebe verarbeiten. Sie wird so zu Weisheit und großer Liebe zu Gott und sich selbst gelangen. Sie kann die himmlischen Zusammenhänge, den Sinn der Schöpfung, das Davor und Danach erkennen und die Menschen mit all ihren Stärken, Schwächen, Trieben, Wünschen und Süchten und ihren Anstrengungen nach Anerkennung, Liebe und Glück, aber auch ihre Suche nach Liebe und Ehrlichkeit im Miteinander betrachten und kann so über dieses Beobachten selbst mehr Licht und Liebe erfahren. Eine Seele kann sich auch derart in reiner Liebe befinden, dass sie keine Anerkennung und Zuneigung mehr von außen braucht und auch nicht besitzen muss. Dann ist sie in sich so weit entwickelt und rein, dass sie ins himmlische Paradies aufsteigen wird.

Sie wird über ihre eigene hohe Schwingung dann der hohen lichtvollen Dimension gleichen, sodass sie sich von dort angezogen fühlt. Hier wirkt Erzengel Uriel. Das Paradies ist die höchste und reinste Dimension, aus der wir laut der Schöpfungsgeschichte im Alten Testament durch den Sündenfall vertrieben wurden. Jede Seele trägt die Sehnsucht in sich, dort wieder hinzugelangen. Dies wird dann der Fall sein, wenn wir auch den geringsten Hauch eines falschen Egos abgelegt haben und nur noch eine reine, liebevolle und lichtvolle Seele sind und nicht die geringste Emotion mehr in uns tragen. Hier ist die Seele am Ziel ihrer langen Reise.

11 Neues Bewusstsein

Wir Menschen sind mit der Gabe des Bewusstseins ausgestattete Wesen, und die zunehmenden Bewusstseinskräfte ermöglichen die neue Fähigkeit des Menschen, innere Werte in all sein Tun bewusster hineinfließen zu lassen. Der Mensch war zu allen Zeiten Mitschöpfer seines eigenen Schicksals, und er wird es im verstärkten Maße immer mehr sein. Durch zunehmende geistige Bewusstseins- und Seelenkräfte sind wir heute so intensiv wie nie zuvor in der Lage, unseren Schicksalsweg selbst entscheidend mitzubestimmen.

Kosmische und geistige Wandlungen. Wir befinden uns am Beginn eines neuen Erwachens der Menschheit. Es entsteht etwas Neues; dies wird Veränderungen mit sich bringen, die wir mit unserem heutigen Bewusstsein nicht erfassen können. Die Entwicklung hin zur geistigen Anbindung und die Zunahme des Wissenspotenzials auf der Erde geht in einer rasanten Geschwindigkeit steil bergauf. Die Zukunft wird große Veränderungen mit sich bringen. Es stehen uns große kosmische und geistige Wandlungen bevor. Wir befinden uns mitten in einem großen Umbruch, in einem Zeitalter, in dem die Menschheit sich durch die evolutionäre Bewusstseinsentwicklung nach dem göttlichen Plan zur Liebe hin verändern wird.

Physikalisch lassen sich kosmische Veränderungen feststellen und nachweisen. So nehmen die Sonnenaktivitäten zu, was gleichzeitig das Magnetfeld der Erde schwächer werden lässt. Auch die Pole des Erdmagnetfeldes verändern sich. Diese Veränderungen spielen eine große Rolle dabei, dass die Menschheit beginnt, zunehmend sensibler, liebevoller, offener und bewusster zu werden. Dies führt wiederum zu einer kollektiven Bewusstseinserweiterung. Die Abschwächung des Erdmagnetfeldes hat einen direkten Einfluss auf das Nervensystem und die Psyche der Menschen und somit auch auf unsere geistige Bewusstwerdung. Wenn um uns herum alles feinstofflicher wird, müssen wir auch darauf achten, dass wir mit diesen Veränderungen Schritt halten können.

Wir sollten bewusst unsere geistige Anbindung und unsere Seelenkräfte stärken. Wir sollten mit der feingeistigeren Energie in Resonanz gehen und die liebevollere Schwingung zulassen, um unser Herz uns selbst, Gott und den Mitmenschen gegenüber zu öffnen. Durch unsere zunehmende Feinstofflichkeit und die damit verbundene Zunahme der Bewusstseins- und Seelenkräfte steht uns dann verstärkt die Möglichkeit zur Verfügung, das Leben vermehrt nach eigenen Bedürfnissen zu gestalten. Ebenso steht uns das kosmische Wissen und die kosmische Weisheit vermehrt zur Verfügung, die wir uns nun immer mehr zunutze machen können.

Gefahr für die Feinfühligen. Solch große Veränderungen bergen aber auch eine große Gefahr in sich, vor allem für diejenigen Menschen, die vom Grundnaturell her sensibel sind, sich diesen neuen Kräften gegenüber aber verschließen. Durch die Abnahme des Erdmagnetfeldes schwächen sich die strukturierenden Kräfte ab, was dann eine Zunahme von psychischen Irritationen – von zum Beispiel nervlicher Überreizung, Burnout, Depressionen – für diese Menschen mit sich bringen kann. Deshalb ist es heute wichtig, sich in seinen Gedanken, seinem Tun und Handeln vermehrt nach dem eigenen Seelenplan auszurichten. Wir sollten uns spirituell ausrichten, auf unsere geistige Anbindung achten und Urvertrauen zu uns selbst und zu den geistigen Welten entwickeln. Die Menschen werden zwar sensibler und feinfühliger, neigen aber immer noch dazu, sich mit starrem, festgefahrenem Gedankengut an den im Unterbewusstsein verankerten, alten Mustern zu orientieren und sich entsprechend zu verhalten.

Haben Sie Vertrauen in den göttlichen Plan, und schenken Sie auch der Menschheit und sich selbst Vertrauen. Gottes grenzenlose Liebe und Kreativität findet in einem wachsenden, liebevollen Bewusstsein des Menschen seinen Ausdruck. Diese Veränderungen, die die Zeit mit sich bringen wird, werden in dem Ausmaß stattfinden, in dem jeder Mensch daran reifen kann und somit auch in seiner Entwicklung nachkommt. Das Ausmaß solcher Veränderungen hängt stets mit der evolutionären Entwicklung und dem freien Willen des Menschen zusammen und entsprechend mit dem natürlichen Verlauf der Entfaltung des Kosmos.

Abschied vom männlichen Zeitalter. Da die meisten von uns noch in das alte, männliche Zeitalter hineingeboren wurden, tragen wir auch noch diese Strukturen und Erfahrungen aus der Erziehung in uns. Es obliegt nun unserem freien Willen, ob wir mit diesen festgefahrenen, analysierenden, materialistisch geprägten Mustern, die uns eine vermeintliche Sicherheit bescheren, unser Leben weiterhin gestalten oder ob wir den großen Schritt in das neue licht- und liebevollere Zeitalter mit neuer Freiheit, Leichtigkeit, Freude und liebevollem Umgang mit uns und unseren Mitmenschen wagen. Wenn wir diesen großen Schritt im tiefsten Herzen vollzogen haben, dann stehen uns eine große Liebesfähigkeit und die unendliche Weisheit und das Wissen des ganzen Kosmos heute viel mehr zur Verfügung als jemals zuvor. Heute können wir Begrenzungen überwinden, die geistige Welt erwartet dies auch von uns, und die Engel stehen uns unterstützend zur Seite. Gehen Sie voller Vertrauen und Hoffnung in eine neue, liebevolle Welt, und bringen Sie in Liebe Ihr Inneres zum Erstrahlen. Dann leuchtet wieder ein lichtvoller Stern mehr auf dieser Welt. Glauben Sie von ganzem Herzen an eine lichtvolle Zukunft, an ein liebevolleres Zusammenleben und an den lichtvollen Wandel, der das neue erwachende Bewusstsein der Menschheit bringt. Und bringen Sie sich selbst in den Wandel bewusst ein, denn auf Sie ganz persönlich kommt es bei der Entwicklung auf unserem geliebten Planeten Erde an.

Hin zur individuellen Persönlichkeit. Viele Menschen wachsen mit einem vorgegebenen Glauben auf, den sie im Laufe ihrer Entwicklung von ihren Eltern und anderen Autoritäten übernehmen – aber in der heutigen Zeit wollen immer mehr Menschen bewusst ihren eigenen Zugang zu ihrer Spiritualität finden, bewusst den höheren Sinn der menschlichen Existenz erkennen und den Glauben persönlich erfahren. Über das spirituelle Bewusstsein hat der Mensch die Möglichkeit, eine geistige Wahrnehmungsfähigkeit zu entwickeln, mit der er seinen Seelenplan intuitiv spüren kann und danach seine Entwicklungsschritte im Leben mit Bewusstheit gestalten kann. Auf diese Weise wird er eine individuelle Persönlichkeit entwickeln, die mit Interesse und Begeisterung das Leben meistern und persönliche Antworten und Lösungen finden kann. Dann kann er immer mehr sein volles Potenzial entfalten.

Die neue Zeit und das sich im Erwachen befindende höhere Bewusstsein ermöglichen eine grenzenlose Entfaltung, Transformation und Freiheit. Transformation bedeutet, die belastenden Gefühle und Gedanken lichtvoll in Erkenntnis, Verständnis, Vergebung und Vertrauen umzuwandeln, denn so wird dem Menschen die innere Freiheit bewusst und erlebbar. Wichtig dabei sind Momente der Stille, des inneren Friedens, Meditation, inneres Gebet und ein ruhiger, tiefer Atem. Das erhöhte Bewusstsein entwickelt sich über einen tiefen, aufmerksamen Atem, über das Beobachten und Beruhigen der Gedanken und das Empfinden des Friedens und der Liebe. All dies führt in die innere Harmonie und die Präsenz in der Gegenwart. In innerer Stimmigkeit entwickeln sich Liebe, Vertrauen, Mitgefühl und Hoffnung. Und so gelangt der Mensch immer mehr in seine persönliche Meisterschaft.

Entfalten Sie Ihr Bewusstsein. Halten Sie inne, lächeln Sie

aus vollem Herzen alles an, und die uns allen innewohnende kreative Kraft gelangt ins Fließen. Auf diese Weise kann das spirituelle Wissen das menschliche Bewusstsein befreien. Geistiges Wissen befreit das Herz, gibt Vertrauen und ermöglicht den Menschen, sich selbst und die Welt in ihrer Vielseitigkeit und Fülle zu erfahren. Wenn wir begreifen, dass unser individuelles Bewusstsein und das universelle, intelligente, ewige, liebende, göttliche Bewusstsein ein und dasselbe sind, kann Vertrauen und Frieden in unser Herz einkehren. Werden Sie immer achtsamer, und nehmen Sie das an, was Sie liebevoll berührt, und erweitern Sie so kontinuierlich Ihr Wissen. Werden Sie sich der unzähligen Geschenke des Lebens bewusst, die Ihnen durch freundliche und freundschaftliche Gesten und durch die Wunder des Lebens zuteilwerden. Liebe erweitert das Bewusstsein. Erkennen Sie, was Ihnen schon alles Wunderbares widerfahren ist, und spüren Sie dafür Liebe und Dankbarkeit. Wenn der Mensch in Harmonie und Liebe lebt, kann er das wirklich Wesentliche im Leben erkennen. Mit dem Blick der Liebe kann er die Schöpfung, die Zusammenhänge im Weltengeschehen und den Sinn des Seins verstehen und selbst in seiner Kraft und Reinheit als Mitschöpfer wirken.

Schlusswort

*Glücklich ist der, der zufrieden ist
mit dem, was er hat,
denn er befindet sich im inneren Frieden.*

Je lichtvoller und liebevoller, je gläubiger und demutvoller, je achtsamer und bewusster, aber auch je fröhlicher und unverkrampfter wir auf unserem Lebensweg wandeln, umso mehr kann sich der Seelenplan entfalten.

Den Seelenplan zu leben heißt, achtsam und bewusst durch das Leben zu gehen, glücklich zu sein mit dem eigenen Leben und zufrieden mit dem, was man hat. Den Seelenplan zu leben heißt, authentisch in Liebe, Harmonie und Frieden in sich und mit sich zu sein. Man erkennt die sinnvollen Zufälle, die ohne unser eigenes Zutun entstehen und die uns oftmals in Erstaunen versetzen, als Wunder. Man kann hinter jeder Herausforderung einen Hinweis und eine Erfahrung und deren Sinn erkennen. Durch die Erkenntnisse verändert man seine alte Sichtweise und gewinnt neue Perspektiven. Im Seelenplan zu leben heißt somit, in innerer Freiheit und Glückseligkeit zu leben und im Einklang mit sich selbst zu sein.

Die meisten Menschen denken zu häufig unbewusst negativ über sich und kritisieren sich. Durch diese unbewussten, aber äußerst festsitzenden Gedankenmuster werden wir von einem lichtvollen Seelenplan abgedrängt. Diese automatisch ablaufenden negativen Gedanken bestimmen unser Selbst, unsere Handlungen und haben auch einen großen Einfluss auf unsere Gesundheit. Nur aus der liebevollen Selbsterkenntnis heraus wird es möglich, die alten, bekannten Pfade zu verlassen und neue, bisher unbekannte Wege zu beschreiten, so das eigene Bewusstsein aktiv zu erweitern und am eigenen Wachstum im Seelenplan zu wirken. Der Reichtum der Entwicklung liegt darin, dass jede individuelle Entwicklungssituation neu ist und noch von keinem anderen Individuum in dieser Form durchgemacht wurde. Wir müssen uns selbst annehmen, lieben und akzeptieren, so, wie wir sind.

Wir müssen erkennen, dass wir vollkommen sind, dass wir uns Liebe und Anerkennung selbst geben können und nicht darauf warten müssen, diese von außen zu bekommen. Dazu ist es nötig, hinauszutreten aus den ständigen Vergleichen, dem Besser-sein-Müssen, den ewigen Wettkämpfen und dem Gefühl, anderen etwas beweisen zu müssen. Dies erreichen wir durch Achtsamkeit unseren Gedanken gegenüber und ein tiefes Bewusstsein und Achtung dem Leben gegenüber. Wenn wir uns, ohne Wenn und Aber, annehmen können, können wir frei und wunschlos glücklich werden, denn wir können erkennen, dass alle Wünsche an die äußere Welt in Wirklichkeit

Wünsche an uns selbst sind, nämlich beachtet und geliebt zu werden.

Wer sich auf einen individuellen Weg begibt, beginnt sein Leben wesentlich intensiver und vielseitiger zu nutzen als jemand, der selbstzufrieden dort stehen bleibt, wo er über seine Resonanz hineingekommen ist, wo er entweder durch Zufall oder durch den Druck oder Sog der Verhältnisse gelandet ist.

Dem erkennenden und bewussten Menschen wird deutlich werden, dass er von Gott behütet und geführt wird auf seinem Lebensweg, auf dem Weg zu unbegrenzter All-Liebe. Diesem Menschen wird deutlich werden, dass ausschließlich er selbst für seine Emotionen und seine Entwicklung verantwortlich ist und dass es keine Strafen oder Sünden sind, welche ihm im Leben begegnen, sondern dass es Gesetze des Menschen selbst sind, die ihm auf seinem geistig-irdischen Entwicklungsweg mitgegeben sind, und zwar in Form des freien Willens. Und er wird diese Erkenntnishilfen keineswegs fürchten, sondern dankbar herbeisehnen, da er von ihrer unersetzlichen Bedeutung für das Menschwerden weiß.

Die neue Zeit mit ihrer zunehmenden Bewusstwerdung für die Menschheit bietet großartige Chancen für unsere individuelle Entwicklung, für ein individuelles und selbstbestimmtes Leben. Dieses erwachende Bewusstsein wird auf Dauer das Menschsein und die Gesellschaft grundlegend verändern.

Eine Gesellschaft erwachter Individualitäten wird eine Gesellschaft freier Individuen sein. Keine abstrakte Macht, sei es Staat, Kirche oder welches Konstrukt auch immer, kann über ihnen stehen. Die formalen Institutionen sind dann Relikte einer Zeit, in der der Mensch tatsächlich noch nicht sein freies, individuelles Ich, zu dem er heute erwachen kann, hatte, sondern in der dieses Ich in einem Gruppengeist, einer Gemeinschaftsseele eingebettet war, deren Sprecher ein Häuptling, Anführer oder dergleichen war. Diese Verhältnisse in moderner Zeit fortbestehen lassen zu wollen würde bedeuten, einen Rückschritt in die Vergangenheit zu machen und vor den Gegenwartstatsachen die Augen zu verschließen. Ein erwachtes Individuum kann sich in kein gleich machendes Gruppen- oder Gemeinschaftsmodell integrieren lassen, ohne darunter an irgendeiner Stelle naturgemäß leiden zu müssen.

Leben wir in Bewusstheit, in Mitmenschlichkeit, Mitgefühl, Güte, in reiner Liebe uns selbst und unseren Mitmenschen gegenüber, segnen wir die Erde, die Menschen und die kommenden Veränderungen, dann gestalten wir selbst lichtvoll die neue Zeit mit.

Anhang

Hinweise zur Autorin

Bisher erschienene Werke von Jana Haas

Engel und die Neue Zeit: Heilwerden mit den lichten Helfern.
Berlin: Allegria, 2008.
Engel Karten. 44 Lichtbotschaften mit Anleitung.
Berlin: Allegria, 2008.
Heilung mit der Kraft der Engel: Das Praxisbuch zum
energetischen Heilen von Körper und Seele.
München: Knaur, 2009.
Erzengel und das neue Zeitalter: Ihre Kraft für persönliche
Entwicklung, Beziehungen und Gesundheit nutzen.
München: Knaur, 2009.
Mit den Engeln durch das Jahr: 365 himmlische Botschaften.
München: Knaur, 2009.
Schutzengel: Wie uns die himmlischen Begleiter zur Seite
stehen. München: Knaur, 2010.
Meditations-CD: Schutzengel. München: Knaur, 2010.

Fragen an Gott und die Engel. Berlin: Allegria, 2011.
Jenseitige Welten. München: Knaur, 2012.
Himmlisches Wissen München: Knaur, 2013

Kontakt

Jana Haas
Hubenmühle 4
D-88634 Herdwangen-Schönach
Tel. +49-(0)7552-93 83 99
Fax +49-(0)7552-93 86 26
www.jana-haas.com

Jana Haas Kinderhilfe

Die Jana Haas – Kinderhilfe in Russland c.V. wurde 2010 von Jana Haas gegründet.

Vorrangiges Ziel des gemeinnützigen Vereins ist es, behinderten Kindern in Russland bessere Lebensperspektiven zu ermöglichen. Wir sind auf Sponsoren angewiesen. Alle eingehenden Spenden gelangen zu 100 Prozent, d.h. ohne jeglichen Abzug, direkt zu den Empfängern. Unumgängliche Kosten werden aus Veranstaltungen von Jana Haas finanziert.

Spendenkonto bei der Sparkasse Bodensee
Jana Haas – Kinderhilfe in Russland
Konto-Nr.: 24 66 28 01
BLZ: 690 500 01
IBAN: DE79 6905 0001 00 24662801
SWIFT-BIC: SOLADES1KNZ

Jana Haas – Kinderhilfe in Russland e.V.
Hubenmühle 4
D-88634 Herdwangen-Schönach
Tel. +49-(0)7552-93 83 99
Fax +49-(0)7552-93 86 26
www.janahaas-kinderhilfe.de